목회,
성공은 없다

FAIL
by J.R. Briggs

Originally published by InterVarsity Press
as *Fail* by J.R. Briggs.
Copyright ⓒ 2014 by J.R. Briggs.
Translated and printed by permission of InterVarsity Press,
P.O. Box 1400, Downers Grove, IL 60515, USA www.ivpress.com
All rights reserved.

Korean Edition published by Word of Life Press, Seoul 2015
Printed in Korea.

목회, 성공은 없다

ⓒ 생명의말씀사 2015

2015년 12월 14일 1판 1쇄 발행

펴낸이 | 김재권
펴낸곳 | 생명의말씀사

등록 | 1962. 1. 10. No.300-1962-1
주소 | 서울시 종로구 경희궁1길 5-9(03176)
전화 | 02)738-6555(본사) · 02)3159-7979(영업)
팩스 | 02)739-3824(본사) · 080-022-8385(영업)

기획편집 | 신현정
디자인 | 김혜진, 윤보람
인쇄 | 영진문원
제본 | 정문바인텍

ISBN 978-89-04-07133-3 (03230)

저작권자의 허락없이 이 책의 일부 또는 전체를
무단 복제, 전재, 발췌하면 저작권법에 의해 처벌을 받습니다.

목회,
성공은 없다

J. R. 브릭스는 확고한 실패 신학을 제시하는 데서 그치지 않는다. 그는 속마음을 열어젖히고 자신의 삶을 나눈다. 효율성보다 신실함을 독려하며, 수치스러워하지 말고 자신의 취약성을 드러내는 삶을 살라고 권한다. 그는 우리의 참된 자아를 찾을 수 있는 은혜로운 기회를 제공한다. 목회자라면 누구나 이 책을 읽어야 한다.
JR 우드워드_ "Church Planting for V3" 내셔널 디렉터, 『Creating a Missional Culture』 저자

당신이 목회로 씨름하고 있다면, 이 책은 당신의 고충을 잘 알고 이해하는 좋은 친구가 될 것이다. 이 책은 공식을 제시하지 않는다. 비판하지도 않는다. 단지 은혜가 더해진 부드러운 지혜로 하나님의 부르심에 계속 순종하도록 도와줄 것이다.
루스 그레이엄_ 『In Every Pew Sits a Broken Heart』 저자

실패는 과중한 짐으로 지쳐버린 노새를 위한 헛간과 같다. 이 노새는 설교자와 목회자, 교회 리더들이다. 이 헛간에서 우리는 귀한 선물을 받는다. 멍에를 다시 메는 것이다. 이제껏 간신히 메고 있던 무거운 멍에는 벗어던지고서 우리는 예수님의 멍에를 멘다. 우리의 여정에 예수님이 나란히 동행하시며 목회의 모든 짐을 대신 지실 것이다.
랜스 포드_ 『UnLeader』, 『The Missional Quest』 저자

이 책에서 J. R. 브릭스는 우리 모두가 갈망하지만 표현하길 두려워하는 진실을 다루었다. 그 속에는 탈진한 자들을 위한 은혜뿐 아니라 솔직함과 의미, 기쁨으로 가득한 그리스도의 생명이 있다. 상투적인 위로를 넘어 브릭스는 평안과 진심어린 격려, 그리고 목회 성공에 대한 올바른 정의를 제시한다. 크고 작은 실패들을 지혜롭고 솔직하게 다루어 깊은 공감을 불러일으킨다.
폴 패스터_ 〈Christianity Today〉의 Leadership Journal 부편집장

J. R. 브릭스는 이 책에서 목회자들의 힘든 싸움을 다룬다. 실패에 대한 두려움은 목회의 길을 걷는 이들을 얼어붙게 하기에 충분하다. 브릭스는 이 두려움이 모든 교단의 목회자를 압박하고 있다는 사실을 드러냄과 아울러 실패에서 벗어나기 위한 해결책도 제시한다. 종종 목회자들은 하나님이 맡기신 임무를 감당할 힘이 없는 자신을 발견한다. 그런 그들에게 브릭스는 그 임무를 완수하게 하는 유일한 소망이 성령을 의지하는 것임을 상기시킨다.
모리스 그레이엄_ "Shepherd's Staff Ministry" 사무총장

이 책은 심폐소생술이다. 나로 하여금 다시 숨 쉴 수 있게 해주었다. 브릭스는 실패한 삶의 여러 국면을 새로운 시각으로 설득력 있게 묘사한다. 그는 부활의 절반이 죽음임을, 그리고 진정한 삶을 위해서는 반드시 실패를 거쳐야 함을 우리에게 상기시킨다.
A. J. 스워보다_ 교수, 목사, 『Messy』 저자

하나님은 수많은 사람에게 실패를 허용하신다. 실패는 고통과 상처를 주지만, 나는 때로 하나님이 우리의 실패를 기뻐하신다고 믿는다. 그분은 우리에게 훨씬 많은 것을 바라시기 때문이다. J. R. 브릭스는 우리 앞에 놓인 여정을 헤쳐 나갈 방안을 제시하고, 우리가 처한 자리에서 치유를 발견하도록 도와준다. 실패를 경험해 본 사람으로서 나는 누군가가 마침내 용기를 내어 이 같은 책을 썼다는 사실이 참으로 기쁘다. 독자들도 분명 기뻐할 것이다.
케빈 콜론_ 라이프브리지 크리스천 교회 목사, "Missio" 선교 자문위원

많은 교회 리더들이 실패에 대한 두려움에 붙들려 있다. 이 중요한 책에서 J. R. 브릭스는 자신과 여러 사람의 경험을 담대히 토로하면서, 실패는 피할 수 없지만 실패에서 회복하는 과정에서 은혜를 발견하는 것이 핵심 문제임을 우리에게 상기시킨다. 이 책에서 접하는 복음은 분명 좋은 소식이며, 두려워하고 지치고 깨진 우리의 자아를 진정으로 자유롭게 한다. 이 메시지에 귀를 기울이게 하소서!
C. 크리스토퍼 스미스_ 『슬로처치』(새물결플러스) 공동저자, 〈The Englewood Review of Books〉 편집자

J. R. 브릭스는 목회자가 자주 직면하는 고통과 외로움, 수치를 진지하게 들여다본다. 사도 바울이 그랬듯이 그는 우리 자신의 연약함과 실패를 통해 최선의 목회가 이루어짐을 이해하고 있다. 이 책은 "우리 상처에 입 맞추시는 하나님"을 경험하게 한다.
애런 그레이엄_ 더 디스트릭트 교회 목사

J. R. 브릭스는 "성공"에 대한 강박관념을 이야기한다. 그는 목회자가 성공을 위해서가 아니라 신실함을 위해 부름 받았음을, 그리고 때로는 신실함이 실패의 형태를 띠기도 함을 밝힌다. 이 책은 그 진실을 분명히 드러내며, 신실함에도 실패의 쓴 잔을 마신 수많은 목회자에게 위로와 확신을 전한다.
브라이언 잔드_ 워드오브라이프 교회 목사, 『A Farewell to Mars』 저자

서문 _ 유진 피터슨　9
머리말 _ "실패"라는 말　15

1 / 우리는 성공을 잘못 배웠다

01 **실패** _ 가장 큰 두려움을 일으키는 것　30
02 **성공** _ 교회의 금송아지　49
03 **신실함** _ 목회의 진정한 의미　67

2 / 실패가 무엇인지 다시 배우라

04 **수치심** _ 영혼의 늪　88
05 **외로움** _ 가면의 유혹　99
06 **상처** _ 조각 난 꿈　114

CONTENTS

3 / 실패를 껴안으라

07 **광야** _ 예수님과 함께하는 황무지   132
08 **회복** _ 실패의 고통에서 벗어나는 과정   142
09 **재시작** _ 다시 현장으로   158

4 / 앞으로 나아가라

10 **수용** _ 우리의 상처에 입 맞추시는 하나님   174
11 **리듬** _ 나아가기 위한 회복 연습   188

맺음말 _ 실패에서 자유로   204
돌아보는 질문들   211
부록1 추천 자료   222
부록2 목회자와 지도자들을 돕는 질문   226
주   228
참고문헌   236
감사의 말   238

 **서문**

유진 H. 피터슨 _ 밴쿠버 리젠트 신학대학, 영성신학 명예교수

"목회자의 삶에서 실패는 마지막 단어가 아니다." 이 책의 내용 전체를 한마디로 요약하는 조언이 있다면 바로 이것일 것이다. 그러나 당신 혼자서는 실패를 해결할 수 없다. 목회에는 위험이 가득하며, 하나님 나라는 끊임없이 공격을 당한다. 상황이 이렇기 때문에 누구나 분별력 있는 친구가 필요하다. 혼자서는 감당해낼 수 없다.

이 책은 필자의 예기치 않은 심각한 실패 경험에서 비롯되었다. 전도유망한 젊은 목사인 J. R. 브릭스는 자신의 실패 조각들을 주워 담는 과정에서 얼마나 많은 목회자가 실패를 겪고 있는지 깨달았다. 주변을 돌아보고 다른 사람들의 이야기를 들으면서, 그는 목회 실패 사례가 엄청나다는 것과, 미국에서 매달 1,500명의 목회자가 탈진이나 교회 내 다툼 때문에 목회를 포기한다는 사실을 알게 되었다. 그 실패 사례들을 조사하면서, 그리고 자신의 상처를 어루만지며 다른 목회자들의 이야기에 귀 기울이면서, 그는 목회 사역 자체가 실패의 잡초에게 비옥한 토양임을 깨달았다. 그러나 실패는 목회의 열매를 30배, 100배 풍성하게 맺게 하는 퇴비 역할도 할 수 있다는 것 또한 깨달았다.

이 책에는 J. R. 브릭스가 말하는 "성공이라는 금송아지 문화"를 무너뜨리기 위한 여러 이야기와 식견이 실려 있다. 성공 문화야말로 목회자들에게 실패의 고통을 안기는 주범이다. 그는 금송아지 문화의 신성모독과 어리석음을 지적하는 데서 그치지 않는다. 그리스도의 가르침에 들어맞는 목회 비전, 즉 거짓되지 않고, 희생적이며, 겸손하고, 신앙심 깊으며, 순종적이고, 담대한 목회 비전을 구체적으로 제시한다. 목회 정체성의 순수함과 핵심을 유지하길 바라는 사람이라면 누구나 이 본질적인 측면을 분별하고 훈련시켜줄 갖가지 도움이 필요할 것이다.

이 책을 읽으면서 나는 금송아지 문화의 유혹에서 나를 구해내려고 하나님이 사용하신 한 사람이 생각났다. 55년 전, 목회를 처음 시작하던 때 일이다. 나를 구해 준 사람은 어느 이름 모를 신부였다.

당시 나는 목회 경험이 거의 없는 새내기였다. 큰 도회지 교회의 협동목사로 3년간 일하다가 교단 측에 의해 새로운 교회의 전도 사역 담당 목사로 임명되었을 무렵이다. 볼티모어 근교의 자그마한 시내에 위치한 "제일장로교회"였다. 시내 중심부에 자리 잡은 그 교회는 주차 시설이 부족했지만 확장할 공간이 전혀 없었다. 결국 그 교회에서는 자매 교회를 개척하기 위해 교단에 지원을 요청하기로 했는데, 바로 그 일이 내게 맡겨졌다.

그때는 "신은 죽었다"라고 외치던 1960년대였다. 북미 전역에서 출석 교인 수가 감소하고 있었다. 새로운 교회를 시작하는 것이 회복을 위한 핵심 전략들 가운데 하나였다. 실패에 직면한 교회에 복음전도 에너지를 불어넣기 위해 많은 책과 갖가지 기법이 선보였다. 히스테리에 가까운 염려로 가득한 교회도 많았다.

새로운 교회를 개척할 임무를 맡은 우리는 성공해야 한다는 압박감을 느꼈다. 어려운 일이 많았다. 교회의 출혈을 막고 예전의 안정된 모습으로 되돌리기 위해 어떻게 해야 하는지를 정확히 일러주는 전문가도 없었다.

그 전에는 교회 관련 성경말씀 가운데 아가서 6장 4절을 가장 좋아했다(이것은 우리 교회에 설교자로 초빙되는 목사들도 흔히 인용하는 구절이다). "내 사랑아, 너는 디르사같이 어여쁘고, 예루살렘같이 곱고, 깃발을 세운 군대같이 당당하구나." 그러나 그 당시는 "요셉을 알지 못하는 세대"의 세속화된 기대에 부응하기 위해 우리의 이미지를 다시 포장하려는 애절한 노력과 암울한 통계 수치로 대변되던 때였다. 그런 상황에서 디르사처럼 어여쁘고 깃발을 세운 군대같이 당당하던 교회 모습은 비즈니스 세계에서 도입한 추한 이미지로 대체되어 갔다.

이것은 교회의 미국화였다. 교회는 종교 고객을 위한 시장으로 변했고, 교회 사업을 위해 홍보 기술과 조직 흐름도, 인상적인 "사명 선언문"이 동원되었다.

약 1년 동안 나는 "교회 갱신" 지도자들의 가르침을 이해하고 내면화하려고 애썼다. 새로운 교회를 개척하기 시작하면서 그들의 글과 세미나를 통해 여러 가지를 배웠다. 한번은 한 세미나에 참석하려고 로스앤젤레스행 비행기표를 구입했다. 공항으로 가는 길에 필독서로 정해 둔 책을 챙기는 것을 깜박 잊어버렸는데, 오히려 그것이 다행이었다. 이른바 교회 갱신의 권위자로 인정받는 사람의 책이었다. 공항 서점에 들어갔더니 한 책의 제목이 내 눈길을 끌었다. 『어느 시골 신부의 일기』 (The Diary of a Country Priest)라는 책이었다. 작가는 한 번도 들어본 적이 없는 조르주 베르나노스라는 사람이었다. 나는 단지 제목에 끌려서 그 책을 샀다.

나는 처음 담임을 맡게 된 목사였다. 그 일기를 쓴 신부도 처음 임명받은 상태였다. 서른이라는 나이도 같았다. 둘 다 신참자로 복잡한 업무를 새로 맡았다는 점에서 동료 의식을 느꼈다. 물론 차이도 많았다. 그는 프랑스인 가톨릭 사제였고, 나는 미국인 개신교 목사였다. 그는 시골 마을에서 궁핍한 독신 생활을 하고 있었고, 나는 아내, 딸과 함께 부유한 근교에서 살았다. 그의 교구는 수백 년의 역사를 지녔고 교회 건물도 근사했다. 우리 회중이 예배드리는 곳은 우리 집 지하였다.

나는 그 책이 실제 신부가 실제로 쓴 일기라고 생각했다. 일기 내용은 곧바로 내 마음을 사로잡았다. 그 신부의 단순한 삶, 교구민을 이해하며 보살피기 위한 세심한 노력, 그가 견뎌낸 깊은 고독, 사제관 내 기존 신부들의 텃세 등을 읽는 동안, 30-40명에 불과한 이웃 사람들을 전도하여 회중을 구성해야 했던 나의 벅찬 임무, 실패에 대한 두려움 등이 내 뇌리를 스쳤다.

8시간 후 로스앤젤레스에 도착했을 때, 나는 좋은 친구를 하나 얻은 기분이었다.

사흘 후 볼티모어로 돌아오는 길에 나는 그 일기를 다시 읽었다. 그리고 다시금 이야기에 빠져들었다. 궁핍하고 비천한 상태에서 예수님을 진실하게 따르며 순종하는 모습이 상당히 인상적이었다.

그 책이 소설이라는 것은 나중에서야 알게 되었다. 나는 그 책을 다시 읽었다. 비록 허구였지만, 모든 문장에 진실성이 듬뿍 배어 있었다. 그 책을 여러 차례 거듭 읽는 동안 내용이 내 마음속 깊이 자리 잡았고, 금송아지를 대항하는 주요 방어막이 되었다. 내게 그 책은 세속적인 환상을 부추기는 사회에서 예수님을 올바로 따르는 삶을 제시하는 감명 깊은 증언이다.

숨을 거두기 직전, 시골 신부는 의미심장한 문구를 일기에 적는다. "모든 곳에 은혜가 있다."

조르주 베르나노스의 『어느 시골 신부의 일기』와 J. R. 브릭스가 이 책에서 전해 주는 이야기는, 지역 공동체의 상황에서 겪은 실패의 경험을 구속과 소망의 맥락으로 풀어낸다. 이 책을 읽기 시작하면서, 다음 이야기들이 저절로 연상되었다(적어도 내 경우에는 그랬다). 다윗이 아히도벨(시 55편)과 압살롬(시 3편), 므비보셋에게 배신당한 이야기, 예수님이 베드로의 부인과 가룟 유다의 배신을 당하신 이야기. 그 밖에도 성경에는 오해와 배신, 실패에 대한 이야기가 가득하다. 그러나 "실패"는 마지막 말이 아니다. 마지막 말은 이것이다. "모든 곳에 은혜가 있다."

 머리말

"실패"라는 말

나에게 이르시기를 내 은혜가 네게 족하도다 이는 내 능력이 약한 데서 온전하여짐이라 하시니라 그러므로 도리어 크게 기뻐함으로 나의 여러 약한 것들에 대하여 자랑하리니 이는 그리스도의 능력이 내게 머물게 하려 함이라.
_ 고린도후서 12장 9절

영적 여정은 출세나 성공의 이야기가 아니다. 거짓된 자아가 더 깊은 곳으로 내려가는 과정에 대한 이야기다.
_ 토마스 키팅, 『인간의 조건』(The Human Condition)

나는 교회의 미래에 대해 기대하면서도 동시에 환멸을 느낀다. 수십 명의 목회자와 교회 지도자에게 자신의 사역에서 가장 밑바닥이던 때를 이야기해 달라고 부탁했다. 많은 사람이 "바로 지금"이라고 대답했다. 심지어 몇몇은 "밑바닥이 아닌 때가 있어요?"라고 반문했다. 교회들을 돌아보면, 외롭고 상처 입고 낙심하여 겨우 목숨을 부지하는 듯한 목회자를 매우 많이 볼 수 있다. 그럴 때면 이런 생각이 든다. '기쁨도 평안도 없고, 늘 스트레스와 정서적 어려움에 시달리는 삶……. 예수님이 생각하신 목회자의 삶이 이런 걸까?'

몇 년 전, 나는 내가 목회자라는 사실에 깊이 실망한 일이 있다. 더 구체적으로 말하자면, "성공적인" 목회자의 조건으로 제시된 사항들 때문에 낙심했다. 그런데 그 낙심 가운데서 한 가지 아이디어를 얻었다. 직관에 어긋나고 약간 풍자적이지만 그 아이디어를 떨칠 수 없었다. 나는 블로그에 그 아이디어를 적어서 올렸다.

지난 10년 동안 나는 교회 연합 대회에 여러 차례 참석했다. 좋은 대회도 있었지만 대부분은 좋지 않았다.
어느 대회나 진행 순서는 비슷하다. 마케팅과 세련된 광고지 제작에 수천 달러가 들어가고, 유명한 기독교 지도자들에게 많은 강연 사례비가 지급된다. 이 유명 지도자들은 출석 교인 규모에 따라 인정받으며, 어떻게 자신의 교회가 그처럼 크고 혁신적이며 매력적인 모습을 갖추게 되었는지 설명한다. 이런 대회의 프로그램은 흠 잡을 데 없고 발표 내용도 완벽하다. 그러나 참석자들은 맥 빠진 모습으로 돌아간다.
나는 교회를 잘 이끄는 지혜로운 지도자들에게 배우는 걸 매우 좋아한다. 그러나 이런 대회에 참석하는 많은 목회자들은 죄책감이나 불안, 심한 실패감을 느끼면서 돌아가는 것 같다. 종종 참석자들은 강사의 말에 공감하기 힘들어한다. 그들의 강연은 불안과 비교의식을 조장할 수 있기 때문이다.
참석자 중에는 자신이 속한 교회로 돌아가서 주일에 당장 실행에 옮길 묘책이나 완벽한 모델을 찾았다고 생각하는 이들도 있다. 이것은 더 고약한 경우다. 그들은 비결이라고 여긴 그 방법, 접근법, 모델, 스타일이 3개월 반마다 출석 교인 수가 갑절로 늘어나지 않는 문제를 해결해 줄 거라고 확신한다. 때로 목회자와 교회 지도자들을 대상으로 하는 대회는 내가(우리가) 교회의 머리임을 서서히 그리고 설득력 있게 확신시킨다. 그러나 교회의 머리는 오직 예수님이다.

("지도자들이 가장 흉한 모습을 보이는 때는 언제일까?"라는 슬로건을 내건) "실패한 목회자 대회"(Epic Fail Pastors Conference)를 개최하는 건 어떨까? 교회에 필요한 것은 이런 대회라고 믿는다.

이 글을 포스팅한 지 몇 시간도 안 되어 내 전화기가 울리기 시작했다. 내 이메일의 "받은 편지함"은 빠른 속도로 채워지기 시작했다. 몇 주 만에 내 블로그 방문 수는 수천 개가 되었고, 내게 온 이메일도 수백 통이었다. 북미 전역의 목회자와 교회 지도자들에게서 전화와 문자 메시지가 쇄도했다. 모두 내가 제안한 것 같은 대회가 절실히 필요함을 공감하는 내용이었다. 그런 반응에 나는 놀랐다. 거의 10년 동안 수백 가지 생각을 블로그에 포스팅해 왔지만 이처럼 큰 관심을 받은 것은 처음이었다.

의도치 않게 나는 목회자들의 아픈 곳을 건드린 것이었다. 목회자들은 자신의 실패와 정체성, 실수를 이야기할 안전한 공간을 찾고 있다. 그러나 그럴 기회가 거의 없다. 많은 사람이 이 아이디어를 현실로 옮기려고 온갖 방법을 시도했다. 나 역시 몇몇 친구와 함께 이 아이디어가 실제로 가치 있는 시도일지 생각하기 시작했다. 목회자를 위한 대회로는 전혀 어울리지 않아 보이는 이런 행사를 주최할 용기가 우리에게 있을까? 그런 용기가 있다한들, 실패를 주제로 한 행사장에 과연 누가 찾아올까?

"실패한 목회자 대회"를 주최하다

결국 우리는 방아쇠를 당기기로 결심했다. 목회자 대부분이 생각했으나 실제로 드러내놓고 이야기하지는 않았던 문제를 논의할 수 있는 공간, 믿을 만하고 솔직한 공간을 마련할 팀을 구성했다. 우리는 자신의 실패담을 토로하기 위해, 그리고 상한 심령이라는 협곡을 복음의 물줄기가 어떻게 뚫고 흐르는지를 보기 위해 꼭 필요한 공간을 제공하고 싶었다.

필라델피아 북쪽 자그마한 근교인, 펜실베이니아 주 랜스데일에서 첫 번째 "실패한 목회자 대회"를 주최했다. 세련된 광고지는 없었다. 굉장한 마케팅 예산도 없었다. 발표자들은 "실패에 대한 전문가"라 불렸다. 강사료를 지불할 재정도 없었다. 주경기장 규모의 큰 공간도 없었다. 대신 우리는 지역 주민만 이용하는 낡고 초라한 바를 빌렸다. 들리는 말에 따르면, 그 건물은 원래 교회였으나 몇 년 전에 실패했다. 후에 그 건물은 엘크스 로지(Elks Lodge)에 팔렸다가 지역 사업가에게 다시 팔리면서 바로 개조되었다. 성도석이 당구대로, 스테인드글라스 유리창이 맥주 표지로 바뀌었다. 오르간에 맞춘 부드러운 찬양은 요란한 랩으로 바뀌었다. 행사 성격상 그곳은 완벽한 장소 같았다.

우리는 전·현직 목회자들이 이야기하며, 회고하며, 경청하며, 느긋이 식사하고, 서로 교제하며 함께 성찬에 참여하길 원했다. 성공 축하가 목표는 아니었지만, 실패를 축하할 계획도 없었다. 우리의 목표는 단지 (결과에 상관없이) 목회의 신실함을 기리고 은혜의 필요성을 강조하며, 예수님을 우리의 모든 사역과 삶의 기초로 인정하는 것이었다.

우리는 미숙하지만 소망으로 가득한 행사를 기대했으며, 실제로 그렇게 되었다. 한 친구가 고린도후서 4장 7-12절을 그 모임의 기초로 삼자고 권했다.

우리가 이 보배를 질그릇에 가졌으니 이는 심히 큰 능력은 하나님께 있고 우리에게 있지 아니함을 알게 하려 함이라 우리가 사방으로 우겨쌈을 당하여도 싸이지 아니하며 답답한 일을 당하여도 낙심하지 아니하며 박해를 받아도 버린 바 되지 아니하며 거꾸러뜨림을 당하여도 망하지 아니하고 우리가 항상 예수의 죽음을 몸에 짊어짐은 예수의 생명이 또한 우리 몸에 나타나게 하려 함이라 우리 살아 있는 자가 항상 예수를 위하여 죽음에 넘겨짐은 예수의 생명이 또한 우리 죽을 육체에 나타나게 하려 함이라 그런즉 사망은 우리 안에서 역사하고 생명은 너희 안에서 역사하느니라.

몇 절 뒤에는 이런 내용이 나온다.

그러므로 우리가 낙심하지 아니하노니 우리의 겉사람은 낡아지나 우리의 속사람은 날로 새로워지도다 우리가 잠시 받는 환난의 경한 것이 지극히 크고 영원한 영광의 중한 것을 우리에게 이루게 함이니 우리가 주목하는 것은 보이는 것이 아니요 보이지 않는 것이니 보이는 것은 잠깐이요 보이지 않는 것은 영원함이라(16-18절).

분명 많은 목회자가 실패에 대한 생각과 씨름하고 있다. 그러나 그 문제를 기꺼이 이야기하거나 이야기할 수 있는 사람은 거의 없다. 실패의 신학을 굳건히 발전시키도록 목회자들을 돕는 행사를 주최하는 것은 모험이라는 사실을 우리는 알고 있었다. 그러나 우리는 그 일이 실패의 위험을 감수할 가치가 있다고 생각했다.

되돌아보면 실패를 주제로 한 그 대회를 미친 듯이 준비한 과정이 생생하게 기억난다. 이 대회가 어떤 결과를 낳을지에 대한 온갖 예측이 떠올랐고, 끝나지 않을 것 같은 딜레마 상황에 대한 의문도 끊이지 않았다. '실패를 주제로 한 이 대회에 달랑 네 명만 등록하면 어쩌지? 그러면 실패 대회에 실패한 거니까 우리는 성공하는 셈일까? 아니면 만 명이 등록하면 어쩌지? 실패 대회인데 큰 성공을 거두었다고 해서 내가 위선자로 낙인찍힐까?' 이런저런 생각으로 거의 미칠 지경이었다. 이런 기사 제목을 상상할 수 있는가? "'실패한 목회자 대회'가 낮은 등록률로 취소되다." 그런 아이러니한 상황에서 우리가 회복될 수 있을까? 실패에 대한 첫 저예산 대회가 전혀 관광지라 할 수 없는 필라델피아 근교, 그것도 실패한 교회를 개조한 바에서 열리는 것만 해도 과분한 것 같았다.

우리는 이 대회가 자그마한 지역 행사가 될 거라고 생각했다. 그렇기 때문에 17개 주의 사람들이 찾아온 것을 보고 놀라지 않을 수 없었다. 어떤 이들은 그 대회의 세부 내용을 몰랐지만 반드시 참석해야 한다고 생각하고 있었다.

마지막 시간에 콜린이라는 목사가 손을 들고 말했다. "이런 자리를 마련해 주셔서 정말 감사합니다. 시간과 열정, 노력을 쏟을 만한 가치가 충분한 모임이었어요. 이 대회가 다시 열리면 좋겠습니다. 다시 열리면 또 참석할 겁니다." 그 이야기는 고무적이었다. 의미심장한 사실은 콜린이 호주에 살고 있다는 것이다. 다른 목사들과 실패에 대한 이야기를 나누기 위해 지구 반대편에서 오려고 하는 이유가 무엇인지 물어보았다. 그는 이렇게 대답했다. "우리 지역에서는 실패와 목회에 대해 솔직하게 이야기하려는 사람을 찾을 수 없습니다. 호주 전체에서도 찾을 수 없죠. 내가 찾을 수 있는 유일한 자리가 바로 여깁니다."

이러한 관심과 북적대는 광경이 처음에는 고무적이었지만, 곰곰이 생각하니 깊은 서글픔이 밀려왔다. 목회자들을 위한 안전한 공간이 없다는 증거였기 때문이다. 실패한 이야기를 나누려고 지구 반 바퀴를 날아오게 만드는 것이 과연 무엇일까? 바에서 세 시간을 보내기 위해 2,000킬로미터를 직접 운전하는 이유가 무엇일까? 어째서 목사는 자신의 실패감이 드러날까 두려워 장로들에게 "휴가 차" 여행한다고 말하며 대회 참석을 숨겨야 했을까?

나는 전국에 이런 대회가 여러 개 있어야 함을 깨달았다. 처음에는 그런 관심을 바라지 않았다. 내가 하려고 한 일은 실패에 대한 내 두려움과 경험을 다른 용기 있는 사람들과 더불어 적절히 나눌 자리를 찾는 것이었다. 그런 자리를 찾을 수 없었기 때문에 우리가 직접 만들고자 한 것이다. 그런데 다행히도 사람들이 찾아왔다.

사람들은 자신의 이야기와 고충을 용기 있게 나누었다. 우울증이나 자살충동과의 싸움, 실패에 대한 두려움, 9년 전에 실패한 교회로 인한 상심을 솔직히 토로했다. 자신이 느낀 삭막함과 상실감, 외로움을 털어놓았다. 시계를 보니 사람들이 모이기 시작한 지 겨우 17분이 지나고 있었다. 다들 일어서서 자신의 고통과 상실감, 두려움과 깊은 상처를 전혀 낯선 사람들에게 이야기하고 있었다. 슈퍼스타나 인상적인 비디오 영상물, 근사한 휴게실은 없었다. 물건 파는 사람, 대회 자료, 후원자들의 광고문을 진열해 둔 테이블도 없었다. 다만 우리는 무엇인가를 찾아내고자 했다.

대회 기간 동안 우리가 탁월한 실적을 가장한다고 느끼는 사람은 아무도 없었다. 목회자들은 그 방에서 부인할 수 없는 하나님의 임재를 경험했다고 말했다. 볼품없는 바가 용기 있는 고백과 강력한 예배, 의미심장한 치유의 시간으로 특징 지워진 신성한 공간이 되었다.

대회 막바지에, 목회자들은 자신의 생각을 종이에 적었다.

- 약점을 들키지 않으려는 마음 때문에 내 수치심이 계속 더해만 간다.
- 이 대회는 좋은 목사가 되도록 도와준다.
- 실패를 직면하고 껴안는 것은 내가 할 수 있는 가장 성공적인

일이다.
- 복음이면 충분하다…….
- 창피하지만, 하나님은 내 실체를 드러내신다.
- 나는 약점을 인정하지 않으려 한다.

성찬식에서 대회는 절정에 달했다. 우리는 그 신비로운 힘에 빠져들었다. 예수님의 상한 몸과 흘리신 피는 망가진 세상을 회복시킬 수 있다. 우리는 떡과 포도주를 나누며 하나님과, 그리고 다른 사람들과 교제했다. 참석자들에게 실패 과정을 통해 하나님이 무슨 일을 하고 계시는지를 테이블 주변에 있는 사람들과 함께 스스럼없이 나누게 했다. "떡을 다 드세요. 포도주를 비우세요. 모든 이야기를 다 털어놓고 기도하세요." 그 자리에 웃음과 기도, 눈물과 재충전이 있었다. 어느 은퇴 목사가 말했듯이, 그것은 "하나님이 우리의 상처에 입맞추시는 것"이었다.

고백, 겸손, 치유, 소망, 그리고 예수님. 하나님의 은혜로, 대회는 성공적이었다.

우리 팀은 "실패한 목회자 대회"를 전국의 여러 지역에서 주최해 왔는데(지금도 계속하고 있다) 각 행사는 매번 비슷하면서도 나름대로 독특했다. 우리는 고통스런 과거로 얼룩진 이야기들을 듣고, 기진한 목회자들의 눈을 들여다보고, 낙심으로 축 처진 어깨를 다독이고, 회복하려는 필사적인 갈망에 줄곧 귀 기울인다. "실패한 목회자 대회" 이외의 공간에서도 실패를 다루기 위해 경건한 대화를 시도하는 목회자가 많음을 알고 있다. 이 책이 필요하다고 확신하게 된 것도 바로 이 때문이다.

실패에 관한 책에 거는 기대

실패와 목회에 대한 책을 쓰는 이유가 무엇일까? 목회는 실패를 위한 비옥한 토양이며, 실패는 목회를 위한 비옥한 토양이기 때문이다. 다른 목회자들도 당신이 느끼는 것을 느끼고 있으며, 당신이 씨름하는 것과 더불어 씨름하고 있다. 우리에게는 굳건한 실패 신학이 필요하다. 이 신학은 오늘날 많은 목회자의 말과 마음 속에서 거의 찾아볼 수 없는 것이다. 폴 트립이 말했듯이, 우리가 들여다보는 목회 성공의 거울들은 정확하지 않고 마치 축제 때 사용하는 굽은 거울 같아서 우리의 참 모습을 보지 못하도록 왜곡시킨다.[1] 종종 고장이나 결함이 돌파구가 되기도 한다. 이처럼 때로는 실패가 참된 목회에 필요한 돌파구를 제공할 수 있다.

이 책에서 나는 상처 입은 목회자들의 이야기를 나눌 것이다. 이들은 실제로 있었던 이야기지만, 주제의 민감성 때문에 대부분 이름을 바꾸었다. 나는 독자들이 이 책에 나오는 목회자들과 그들의 이야기에 공감하길 바란다. 우리가 다른 사람들에게 일관되고 열정적으로 전하는 복음을 자신에게도 매일 전하도록 이 책이 도와주길 바란다. 나는 실패 상황을 통해 독자의 삶에 은혜와 진리가 가득해지기를 바란다.

상대적으로 말해서 우리가 겪는 실패와 시련은 세계 전역에서 많은 형제자매가 날마다 겪는 것과 비교하면 가벼울 따름이다. 수많은 사람이 예수님을 믿는 신앙 때문에 여러 핍박에 시달리고 있다. 이 책에서 다루는 내용은 우리 상황에 맞춘 것이다.

이처럼 의미심장한 주제를 다루면서 간결한 해결책을 제시하는 방식으로 쓰진 않을 것이다. 신음과 불평, 부루퉁함으로 채우지도 않을 것이다. 독자의 눈에 이 책이 냉소적으로 비치지도 않기를 바란다(그런 책을 누가 시간 들여 읽겠는가?). 깊은 고통과 상처가 실제적이지만, 나는 있는 그대로의 진실과 든든한 소망을 이 책에 싣고자 한다.

이 책은 다시 실패하지 않도록 실패에서 배우는 법에 대한 책이 아니다. 목회 사다리를 더 성공적으로 오르는 법을 제시하지도 않는다. 확실한 대답이나 실패할 수 없는 방식을 알려주지도 않는다. 이 책의 초점은 실패를 경험하거나 그 경험을 두려워하는, 그래서 은혜에 대한 시각과 회복의 소망이 필요한 이들을 격려하고 지원하며 돕는 데 맞춰져 있다. 이 책 끝 부분에는 개인적인 성장이나 그룹 토의를 위한 학습 질문들을 덧붙였다. 또한 더 많은 연구를 위한 자료들을 제시했다.

어쩌면 이 책이 독자를 실망시킬지도 모른다. 아마 나는 실패에 대한 책을 제대로 쓰는 데 실패할 것이다. 실패와 목회에 대한 주제는 워낙 방대하므로 한 책에 모든 주제나 감정 상태나 상황을 다룰 순 없다. 어떤 실패는 구조적인 차원에 대한 것인가 하면, 또 어떤 것은 개인적인 차원에 대한 것도 있다. 어떤 실패는 비극적이고 파괴적인 반면, 어떤 실패는 분간되지 않을 정도로 미미하다. 어떤 실패는 도덕적이고,

또 어떤 것은 단지 실리적 측면과 관련된다. 그 깊이를 일일이 헤아리는 것은 불가능하다.

북미 교단과 단체, 리더십의 구조적 측면의 실패도 간략히 언급하지만, 이 책 대부분은 목회자나 기독교 지도자들의 삶에서 경험하는 개인적인 실패의 감정과 결과를 다룬다. 이것은 교회 문화의 구조적 문제를 다뤄선 안 된다는 말이 아니다. 그런 문제는 다뤄져왔고 앞으로도 다뤄질 것이다. 구조적 실패를 지적함에 있어 나보다 훨씬 통찰력 있고 지혜로운 저자들이 있다. 그러나 이 책은 그런 책이 아니다.

내가 이 주제를 다루게 된 것은 목사로서 겪은 실패에 대한 뿌리 깊은 두려움과 목회 실패에 대한 직접적인 경험에서 비롯되었다. 나는 예수님이 베풀어주시는 은혜와 복된 소식을 매우 자주 잊어버린다. 이 때문에 내게는 그 은혜와 복된 소식이 날마다 필요하다. 이 주제에 대한 책을 쓸 필요를 느낀 것도 바로 이 때문이다.

나는 목회 실패를 피하거나 그 실패에서 회복되기 위한 공식을 제시하지 않을 것이다. 다만 실패가 인격 형성의 도가니임을 논의할 생각이다. 주요 독자가 목회자이지만, 이 책은 교회, 파라처치(para-church), 비영리단체, 기독교기관 등에서 사역하는 다양한 기독교 지도자들을 위한 것이기도 하다. 나는 당면한 문제들을 타개하여 소망을 회복하는 데 필요한 도구를 독자에게 제공하고 싶다. 또한 나는 독자가 이 책을 통해 함께 슬퍼하거나 함께 기뻐하거나 깊이 숙고할 수 있기를 바란다.

이 책에서는 독자의 상처에 붙일 반창고나, 고통에서 벗어나게 해줄 성경 구절들을 제시하지 않을 것이다. 상처는 심각하다. 부드럽게 다루어야지 가볍게 처리되어선 안 된다. 나는 빠른 답과 신속한 해결책을 지양할 것이다. 독자로 하여금 행하거나 행하지 않은 일 때문에 죄책감과 수치심을 느끼게 하고 싶지 않다. 성과 위주의 복음을 전하고 싶지도 않다. 다만 우리 아버지의 품에 기대는 은혜로운 기회를 제공하길 원한다.

이 책이 독자의 상한 마음과 심령을 진정시키며 치유하는 연고가 되기를 기도한다.

목회,
성공은 없다

1

우리는 성공을
잘못 배웠다

실패 _ 가장 큰 두려움을 일으키는 것
성공 _ 교회의 금송아지
신실함 _ 목회의 진정한 의미

01

실패

가장 큰 두려움을 일으키는 것

> 우리는 그리스도 때문에 어리석으나 너희는 그리스도 안에서 지혜롭고 우리는 약하나 너희는 강하고 너희는 존귀하나 우리는 비천하여 바로 이 시각까지 우리가 주리고 목마르며 헐벗고 매 맞으며 정처가 없고 또 수고하여 친히 손으로 일을 하며 모욕을 당한즉 축복하고 박해를 받은즉 참고 비방을 받은즉 권면하니 우리가 지금까지 세상의 더러운 것과 만물의 찌꺼기같이 되었도다.
> _ 고린도전 4장 10-13절

> 리더로서 실패에 직면하여 그것을 처리하는 정도만큼, 당신은 목회에서 생산적이며 헌신적인 관계를 성장시키고 유지하는 환경을 조성하게 될 것이다. 때로는 내리막길이 가장 빨리 올라가는 길이며, 실패에 솔직해질 때 가장 확실한 성공을 맞을 수 있다.
> _ 댄 알렌더, 『약함의 리더십』(복있는사람)

나의 이야기

나는 명문 사립 기독교 고등학교를 다녔다. 오랜 역사와 학구적인 명성으로 잘 알려진 학교였다. 나는 세 가지 종목의 운동선수로 활동했다. 농구의 경우에는 주 대표로 선발되기도 했다. 미국 중서부에 있는 유명한 기독교 대학에서 세 가지 리더십 장학금 가운데 하나를 받았다.

대학 졸업 직후 결혼하고서 어느 기독교 출판사에서 일하기 위해 콜로라도스프링스로 이주했다. 덕분에 기독교 지도자들과 저자들을 가까이 접촉할 수 있었다. 대학을 갓 졸업한 나는 예전에는 생각지도 못한 사람들을 만날 기회를 접했다.

몇 년 후, 콜로라도스프링스에서 두 번째로 큰 교회에서 20대 젊은이들을 담당하는 목회자로 청빙 받았다. 활기찬 젊은이들 사이에서 경험을 쌓았고, 내 리더십을 통해 양적 성장도 이루었다. 아울러 28세가 되기 전에 세 권의 책을 쓰기도 했다.

그로부터 몇 년이 지난 어느 날이었다. 필라델피아 지역에 위치한 대형교회의 담임목사였던 게리가 자신을 소개하면서, 탈기독교적(post-Christian) 상황에 처한 사람들(대부분 젊은이들)을 대상으로 하는 대안 예배를 시작하는 데 관심이 있는지 물어왔다. 콜로라도스프링스에서 내가 하고 있던 사역과 비슷한 일이었다. 그는 몇 년 안에 은퇴할 것이며, 자신을 대신할 젊은 목사를 양성할 계획이라고 말했다. 나는 영광이었지만, 과연 내가 그런 일에 관심이 있는지 아직 모르겠다고 대답했다. 그는 동요하지 않았다. 오히려 자신이 잘 가르치며 이끌어주겠다고 약속하면서 함께 일하자고 독려했다. 아내 메건과 나는 콜로라도를 떠나 필라델피아로 가서 3천 명에 달하는 대형교회에 합류하여 새로운 대안 사역을 바닥부터 시작하며 명망 높고 경험 많은 목사의 지도를 받는 것이 하나님의 인도하심이라고 생각했다.

아는 사람이 전혀 없는 곳으로 이주한 우리는 곧 우리를 향한 높은 기대들에 직면했다. 그 지역의 풍습에 익숙해지기가 쉽지 않았고, 외로움을 이기며 과도한 기대의 짐을 감당하느라 애를 썼다.

나는 새로운 사역을 시작함과 아울러, 첫 해에만 서너 차례 설교를 부탁받았다. 3천 명에 달하는 교인들 앞에서 설교해 본 적은 없었지만, 교회의 반응은 긍정적이었다. 하나님의 은혜였다. 교회 내의 다른 구조적 요인들과 함께 게리의 심각한 건강 문제 때문에 나는 더 자주 설교하게 되었다. 매달 두세 차례 주일 예배 설교를 맡았다. 많은 교인이 나를 담임목사 후보로 꼽았다(듣기 거북한 말이긴 했지만 어떤 직원들은 나를 "행운아"라고 불렀다). 어쩔 수 없이 나는 성공을 향한 엄청난 압박감에 시달렸다. 가르치는 일과 추가적인 기회들을 즐겼지만 압박감이 나를 혼란스럽게 했다.

어느 주일 아침, 설교를 마치고 나서 생각을 정리하러 사무실로 향하고 있었다. 몇 분 후면 다시 설교 강단에 서야 했다. 사람 좋은 어느 부부가 복도에서 나를 멈춰 세우고는 내 설교 내용에 대해 찬사를 쏟아냈다. 그들은 몹시 진지한 어투로 내게 좀처럼 잊지 못할 말을 했다. "목사님은 제2의 앤디 스탠리가 되실 거예요." 나는 앤디 스탠리를 무척 존경한다. 그의 사역에서 많은 것을 배운다. 그렇긴 해도 어안이 벙벙했다. '교인들이 나를 그런 사람으로 기대한단 말인가? 나는 결코 그런 수준이 되지 못할 거야. 나는 그냥 나일 수 없을까? 제2의 앤디 스탠리가 되지 못하면 교인들이 크게 실망할까?' 나는 그 부부에게 감사를 표하고서 급히 사무실로 가서 문을 닫았다. 내 마음과 생각에 두려움과 근심이 엄습했다. 교인들의 기대가 몹시 부담스러웠다. 나는 겁을 먹었다.

다음 몇 달에 걸쳐 아내와 나는 대형교회 담임목사가 되는 것이 하나님에게 받은 내 소명이 아님을 분명히 자각하기에 이르렀다. 그리고 몇 달 뒤, 게리와 장로들이 지저분한 분쟁에 휩싸였다. 20년의 목회 후에 게리는 회중에게 혼란과 분노, 상처를 남기고 떠났다.

그 혼란 속에서 메건과 나는 처음 면접 과정에서 들은 것과는 상황이 다르다는 것을 알게 되었다. 장로들은 내게 다음 장로 모임에 참석하여 게리가 떠난 상황에 대해 함께 대책을 모색할 것을 부탁했다. 그 모임에서 그들은 내게 하고 싶은 말이 있는지 물었다. 듣기 거북할 수도 있겠지만, 나는 게리가 나를 자신의 후계자로 가르치고 있었지만 나로서는 그 자리에 관심이 없다고 말했다.

장로들은 당황해하면서 좀 더 자세히 말해 달라고 부탁했다. 나는 게리가 내게 했던 말을 들려주었다. 게리는 자신이 은퇴한 후에 교회를 이끌어갈 후계자를 찾아 훈련시킬 것을 장로들에게 요청받았다고 했다. 회의실에 어색한 침묵이 흘렀다. 한 장로가 의심쩍은 표정으로 후임 계획과 관련하여 내가 한 말은 금시초문이라고 말했다.

'뭐라고? 이게 무슨 말이지? 그럼 나는 어떻게 청빙된 거야?' 심한 굴욕을 느끼며 나는 설명을 부탁했다. 그 교회 정관에 따르면 게리에게는 후임자를 선정할 권한이 없다고 장로들은 설명했다. 담임목사 선정은 장로들의 고유 권한이었다. 한 협동목사가 나중에 들려준 바로는, 만일 다른 임직원 지도자들이 목사 청빙에 관여했다면 내가 선정되지 않았을 것이었다. 그것은 전적으로 게리만의 결정이었다.

나는 크게 한 방 맞은 것만 같았다. 우리 부부는 필라델피아 지역에서 한 목사의 지도를 받으려고 콜로라도의 친구와 고향, 교회를 떠났다. 그리고 그것을 하나님의 부르심으로 믿었다. 그 담임목사는 더 이상 남아 있지 않았고, 교회의 비전은 현격하게 바뀌고 있었다. 우리에게 맡겨질 일이 있을지조차 의문이었다. 메건과 내가 그토록 심각한 결단을 해야 했다는 걸 그 교회 지도자들이 알았다면 결코 나를 청빙하지 않았을 것이다. 청빙 과정에서 우리에게 숨겨진 새로운 이야기를 자세히 들으면서 우리는 어찌할 바를 몰랐다. 속은 기분이었다. 메건은 너무 기가 막혀서 주일 예배에 더 이상 참석하지 않았다.

그 무렵 우리 부부는 또 다른 사실을 알게 되었다. 우리 부부가 불임이라는 것이었다. 불임은 우리 마음에 심한 상처를 남겼다. 검사 결과에 따르면 내게 문제가 있었다. 불임은 우리 마음속에 깊은 슬픔의 우물을 팠다. 그 우물물은 줄곧 넘쳐흘렀다. 아는 사람이 하나도 없는 새로운 지역으로 이주한 까닭에 우리는 누구에게도 그 슬픔을 토로할 수 없었다. 불신, 슬픔, 분노, 수치심, 그리고 다시 불신으로 이어지는 심적 상태가 반복되면서, 우리는 불임의 짐을 스스로 져야 했다. 진저리가 났다.

교회 문제가 진정되면서 우리는 그 교회의 장래 비전에 맞지 않는다는 것을 알았다. 신뢰는 이미 사라졌고, 교회에 남은 지도자들이 제시한 새로운 비전에 대해서 우리는 선택의 여지가 없었다. 동부로 이주하기 전에 우리는 교회 개척을 진지하게 생각했었다. 아시아 교회 개척을 모색하는 단체에 합류할 뻔했지만, 하나님이 필라델피아 지역의 이 대형교회로 우리를 부르신다고 믿었었다. 혼란을 겪으면서 우리는 이제

이 지역에서 교회를 개척해야겠다고 생각하기 시작했다. 고통과 상처와 오해가 있었지만 우리는 교회 지도자들을 찾아가 교회 개척을 위해 우리를 지원해 달라고 부탁했다. 우리는 그것이 하나님께서 우리에게 맡기신 다음 임무라고 믿었다. 그러나 교회 지도자들은 반대 입장을 분명히 밝혔다. 그 지역에서 교회를 개척하는 것은 죄악이라며 완강하게 만류했다.

우리는 분열을 조장할 마음이 전혀 없었다. 목회 철학이나 발상이 현저히 다른 교회를 개척하는 것이므로 그 교회와 경쟁 관계일 수 없음을 (즉, 공을 들고 다른 운동장으로 가버리는 형국이 아님을) 교회 지도자들에게 설명했지만 아무 소용이 없었다. 비난, 오해, 위협, 최후통첩이 가해졌고, 우리는 더 머물기 힘든 상황임을 확신했다. 토요일에 만난 몇몇 장로는 그 지역에서 교회를 개척해서는 안 되며, 만일 개척할 생각이라면 바로 해고될 것임을 분명히 했다. 그리고 그 주간에 결정을 내려달라고 요구했다.

그 주간에 어떤 일이 일어났는지를 상세히 묘사하는 것은 불가능할 뿐 아니라 지혜롭지도 못하다. 너절한(또는 분열적인) 이야기를 피하기 위해 자세한 언급을 생략하려고 한다. 많은 기도와 심사숙고를 거친 후에, 우리는 하나님이 그 지역에 교회를 개척하도록 우리를 부르셨음을 믿는다고 교회 지도자들에게 알렸다. 안전과 확실성을 포기하는 한이 있더라도 교회를 개척할 거라고 말했다.

교회 지도자들은 내가 "교회 분열"을 이끌고 있다고 공개적으로 선언했다(우리와 합류하는 회중은 겨우 1퍼센트 미만이었다). 당시에는 제대로 이해하지 못했지만(앞으로도 이해하기 힘들 것이다), 그들은 내 말을 위협으로 해석한 것 같다. 우리는 교회 분열을 전혀 원치 않았다. 분열을 조장할 마음이 전혀 없었다. 그 교회의 양을 훔치고 싶지 않았다. 평지풍파를 일으키고 싶지 않았다. 단지 조용히 나가길 바랄 뿐이었다.

좋게 떠나려고 했는데도, 교회 지도자들은 화를 내며 난리를 떨었다. 지원받지 못하는 교회 개척자인 나는 집을 팔아야만 했다. 하나님의 은혜로 집이 빨리 팔렸고, 우리는 교회 개척이 필요하다고 생각되는 지역에 85년 된 임대 건물을 얻어 이사했다.

철저한 고독과 상처를 느끼며, 안정된 보수나 핵심 팀원, 건물도 없이 과감하게 신앙 공동체를 시작했다. 우리는 그것이 하나님에 의해 시작된 일이라고 믿었다. 토요일 아침의 긴장된 모임 이후, 교회가 술렁이는 느낌이었다. 나는 근처 맥도날드로 차를 몰고 가서 일기장에 이렇게 적었다.

하나님, 어떻게 하실 건가요? 저는 교회 개척을 열망합니다. 저는 스물여덟이고 8일 후면 직장을 잃습니다. 교단이나 파송하는 교회의 재정적 지원은 없습니다. 직업이나 안정된 수입도 없습니다. 저는 지쳤고 상처 입었고, 불안 장애를 느낍니다. 하나님, 어떻게 하실 건가요?

실패란?

겉으로 보기에 내 이야기는 전통적인 의미의 목회 실패담 같지 않을 수 있다. 그것은 수치스러운 일이나 부적절한 성관계에 대한 내용이 아니다. 구금이나 약물 중독에 대한 내용도 아니다. 나보다 훨씬 심각한 문제에 봉착한 목사도 많다. 그러나 내가 느낀 것은 여느 실패의 느낌과 같았다. 배신감, 상처, 좌절감, 슬픔, 상실감, 낙심, 비통함, 의심, 분노, 생존 욕구, 그리고 불안. 다른 사람을 섬기는 자로서 나는 다른 이들의 기대에 부응하는 데 실패했다. 남편과 한 남자로서 남자에게 바라는 문화적 기대에 부응하지 못했다. 나 때문에 아내가 임신할 수 없는 것이다. 리더십에 있어서, 그리고 교회와 사람들에게서도 신뢰를 잃었다. 나 자신에게 걸었던 기대에도 부응하지 못했다. 그 실패 이야기는 내 생각 속에 깊이 자리 잡았다. 그것은 흔히들 목회 과정에서 거쳐야 한다고 말하는 일이 아니었다. 아마 앤디 스탠리라도 낙심했을 것이다.

나는 그 교회에서 일한 지 2년 만에 사임했다. 그 무렵 우리의 삶은 "상실"이라는 한 마디로 요약된다. 꿈 상실. 마음속에 그리던 가족의 상실. 필라델피아 이주를 분명히 지시하셨다고 믿은 하나님에 대한 신뢰 상실. 멘토 상실. 교회 상실. 기회 상실. 교회 지도자들에 대한 신뢰 상실. 지역 친구들 상실. 고향과 기댈 수 있는 봉급과 재정적 안정의 상실. 나는 슬픔과 고독, 좌절감에 심하게 몸부림쳤다. 내 영혼은 뒷골목에서 몽둥이로 맞아 어두운 데 내던져진 것 같았다. 우리는 그 당시를 우리 영혼의 "암울한 시절"이라 부른다. 상담가인 아내는 내가 우울증에 빠진 것으로 판단했다. 나는 스트레스와 근심, 수면 부족으로 몇 주 만에 체중이 7킬로그램이나 줄었다.

우리는 큰 희망과 들뜬 마음으로 펜실베이니아로 이주했었다. 그런데 이제 생존의 위협을 느낄 정도였다. 나는 혼란에 빠졌다. 철저히 망가진 기분이었다. 임대 주택으로 이사하기 전 주간에 메건이 몇 시간 볼일을 보러 나갔을 때 나는 지하실로 내려갔다. 최대한 크게 소리 질렀다. "하나님, 저는 이렇게 되려고 목회에 뛰어든 게 아닙니다! 주님이 제 삶을 엉망으로 만드셨어요. 하나님이 선하시다면 주님의 부르심에 따른 사람에게 어떻게 이런 일이 생기게 하십니까? 하나님, 저는 이제 하나님을 따르지 않을 겁니다!"

그 다음 몇 달에 걸쳐 우리는 직접 돈벌이에 나섰다. 예전에 받던 봉급의 절반 정도를 벌었다. 사람들은 3천 명의 회중에게 설교하던 사람이 고작 40명가량을 가르치는 건 달란트 허비라고 말했다. 어떤 사람은 "나쁜 청지기"라고도 했다. 예전 교회의 교인들이 1년 넘게 익명으로 비방하는 메일을 보내왔다. 한 장로 아내의 비방 글은 익명이라 할 수도 없었다.

예전 교회를 떠난 지 2년이 지났을 무렵, 내 마음은 어느 정도 건강을 되찾았다. 그래서 그 교회 핵심 지도자들에게 함께 점심 식사를 나누자고 제의했다. 나는 비참한 피해자의 모습으로 그들을 마주하고 싶지 않았다. 사실 돌아보면, 좀 더 지혜롭게 상황에 대처할 수도 있었다는 생각이 든다. 서로 화해하고 그리스도 안에서 형제로 연합하려는 뜻에서, 지난 일을 놓고 대화하는 시간을 가질 수 있을지 물어보았다. 그들은 초청을 받아들였다. 나는 적이 놀라면서도 화해의 가능성을 기대했다. 함께 피차 느낀 바를 솔직히 털어놓자고 했다. 우리는 이탈리안 음식점에서 만났다. 그런데 그곳에서 일어난 일은 나를 더 큰 혼란과 슬픔에 빠트렸다.

분노는 아직 가라앉지 않은 채였다. 예전 교회의 한 목사는 교회를 떠나 새로 교회를 시작하는 것은 죄악이라고 말했다. 그 결과 앞으로 수십 년 동안 하나님이 나의 목회를 소규모로 제한하실 거라고 했다. 또한 나의 목회와 우리 교회가 불법이며 하나님의 영광을 가리는 것이라고 말했다. (조심스럽게 말하자면, 나는 내 이야기를 하면서 피해자라고 떠벌리고 싶지 않다. 이 글을 쓰는 동안에도 갈등이 된다. 내 이야기를 솔직하게 나누는 동시에 내게 상처 준 사람들을 존중하기란 어려운 일이다. 나는 내 상처보다는 점차 가라앉아가는 흉터에 대해 더 많이 이야기하려고 한다. 그렇게 하는 것이 더 소망이 되기 때문이다.)

임대 주택으로 짐을 옮기는 중이었기 때문에 나는 날마다 통근 길에 예전 교회 입구를 지나쳐야 했다. 교회 입구를 지날 때마다 일정한 패턴이 생겼다. 오른쪽으로 교회 건물이 가까워지면 나는 저절로 왼쪽으로 고개를 돌렸다. 왼쪽 편에 특별히 흥미로운 것이 있는 것은 아니었다. 나는 무의식적으로 교회 건물을 피하고 있었다. 다음번에는 차를 몰고 지나가면서 일부러 교회와 넓은 주차장을 바라보았다. 감정이 심하게 요동쳤다. 분노와 고통, 상처와 오해, 깨진 꿈과 긴장된 인간관계들이 한꺼번에 나를 엄습했다. 갓길에 차를 대고 비상점멸등을 켰다. 눈물이 주체할 수 없을 정도로 쏟아져서 더 이상 앞을 볼 수 없었기 때문이다.

운전대에 이마를 댄 채 하염없이 눈물을 흘리면서 조용히 그리고 무덤덤하게 중얼거렸다. "나에게 문제가 생겼어. 도움이 필요해." 내 입에서 그런 말이 나와서 깜짝 놀랐다. 내 상처와 고통의 깊이를 마침내 이해하기 시작하면서, 나는 기독교 상담가를 찾아가봐야겠다고 생각했다. 내 삶이 통제 불능 상태로 치닫고 있음을 느꼈다. 자존심 때문에 도움을 거부해선 안 될 상황이었다. 더 이상 흐트러지지 않도록 해야 했다. 그렇게 하지 않으면 가장 가까운 사람이 피해를 입을 것이었다. 나는 치료가 필요함을 깨달았다. 마침내 실패에 대한 비정상적인 두려움을 실토하며 인정해야 했다. 실패에 정면으로 맞서야 했다. 그러지 않으면 실패가 나를 망가뜨릴 것이었다.

실패보다 더 깊은 문제

나는 내 정체성이 실패에 매여 있지 않음을(거꾸로 말해서, 내 실패가 내 정체성에 매여 있지 않음을) 배워야 한다는 것을 깨달았다. 이 진실을 파악하지 못했다면 나는 여전히 실패에 매여 있었을 것이다. 나는 내 가치가 나의 행한 일이나 나를 존중하는(또는 존중하지 않는) 사람과 직결되지 않는다는 사실을 자신에게 상기시키는 힘든 일을 시작해야 했다. 그 일에는 성령의 인도하심과 도우심이 필요했다. 나는 다른 사람에게는 복음을 잘 전했으나 나 자신에게 전하는 데에는 미숙했다. 머리로는 복음을 알고 있었지만 그것이 내 핏속에 흐르지는 않았다. 나는 나에 대한 다른 사람들의 생각에 매우 신경을 썼다(서글프지만 지금도 여러 면에서 상당히 신경을 쓴다). 내 목회 실패에 대한 사람들의 인식이 좁은 감방이 되어 나를 가둬버렸다. 내 영혼은 영적 밀실공포증으로 고통당하고 있었다.

여러 차례에 걸쳐 워렌에게 상담 진료를 받았을 무렵, 나는 그의 사무실로 들어가서 상담 의자에 앉아 이렇게 선언했다. "이제 알아냈어요. 내 삶에서 가장 깊은 두려움이 무엇인지를요. 그건 실패가 아닙니다." "오, 그래요? 그러면 뭐죠?" 워렌이 물었다. "거부예요. 나는 실패한 후에 다른 사람들에게, 나 자신에게, 그리고 때로는 하나님에게 거부당할 것을 두려워하고 있어요." 몇 차례 더 진료를 받은 후에는 이렇게 말했다. "내가 틀렸어요. 나의 가장 큰 두려움은 실패가 아니에요. 거부도 아니고요. 그건 수치심입니다. 내가 실패한 후 거부당했을 때 느끼는 수치심이에요."

나는 집요한 완벽주의자다. 온갖 형태의 수치심에서 나 자신을 방어할 수 있는 모든 방편을 모색했다. 나는 수치심이(그리고 어떤 대가를 치르고서라도 그것을 피하려는 노력이) 내 삶의 많은 부분을 좌우하고 있음을 알아차리기 시작했다. 상담가의 끈기 있는 지원과 인도로, 나는 죄책감과 수치심의 차이를 이해하기 시작했다. 그의 설명에 따르면, 죄책감은 "나는 ……에 실패했다"라며 실패한 "행동"을 지적한다. 반면 수치심은 "나는 실패야"라며 정체성 문제를 지적한다.[1]

끈질기게 붙들고 늘어지는 수치심

6여 년이 지난 지금도 이따금 예전 교회 사람들과 마주치면 수치심과 고통의 기운이 내 뺨과 이마로 몰리면서 갑자기 얼굴이 빨개지는 느낌이 든다. 그 교인들은 닫힌 방 안에서 일어났던 상황과 대화를 거의 또는 전혀 모를 수 있지만, 그 사건과 결부된 수치심은 옛 기억을 떠올리게 한다.

몇 달 전, 일과를 끝내고 헬스장에 들렀을 때다. 격한 운동으로 땀이 흥건했다. 나를 오해하고 내게 상처를 주는 데 직접적인 역할을 한 사람이 그곳에 있었다. 그와 눈을 마주치지 않으려고 얼른 러닝머신에 올라섰다. 여전히 이런 반응을 보이는 내 모습이 당혹스럽다. 오래도록 치유 과정을 밟아왔음에도 여전히 갈 길이 멀다는 생각이 든다. 수치심은 여전히 나를 괴롭힌다.

실패 – 거부 – 수치심

나는 "실패-거부-수치심"의 과정에 내가 어떻게 반응하는지 보기 시작했다. 이 과정은 다양한 방식과 다양한 강도로 그 모습을 드러낼 수 있다. 누군가가 동료 앞에서 우리를 통렬하게 비판할 때, 배우자가 우리의 사랑을 거부할 때, 또는 친구가 신랄하게 비꼬는 말을 할 때 이 과정이 시작될 수 있다. 이런 상황이 발생할 때 우리는 도피하고 싶어진다. 메시아도 이 같은 상황을 경험하셨다. "자기 땅에 오매 자기 백성이 영접하지 아니하였으나"(요 1:11). "지나가는 자들은 자기 머리를 흔들며 예수를 모욕하여"(막 15:29). 예수님은 "나의 하나님, 나의 하나님, 어찌하여 나를 버리셨나이까"(마 27:46)라며 절망적으로 절규하기도 하셨다. 그리고 그 절망적인 물음에 아무런 대답도 듣지 못하셨다. 예수님은 실패-거부-수치심 경험에 낯설지 않으셨다(표 1.1을 보라).

[표 1.1]

심리학자와 정신치료자들은 사람이 위기에 처하면 싸우거나 도피하게 되어 있다고 말한다. 싸우는 경우(험한 말, 신랄한 이메일, 복수심에 불타는 행위나 폭행 등으로 보복할 때) 우리는 다른 이들에게 해를 가하는 방식으로 자신의 상처에 반응한다. 상처 입은 사람이 다른 사람에게 상처를 가하게 되는 것이다. 두 번째 반응은 도피하는 것이다. 우리는 자신을 헐뜯는 농담을 들을 때 웃음으로 맞장구쳐서 자신의 상처를 숨기고 슬그머니 그 자리를 빠져나가 마음 문을 걸어 잠그거나 다른 방향으로 달아난다. 서로 충돌하는 불안한 상황에 엮이거나 다시 상처받지 않기 위해 멀찌감치 물러나는 것이다(표 1.2를 보라).

[표 1.2]

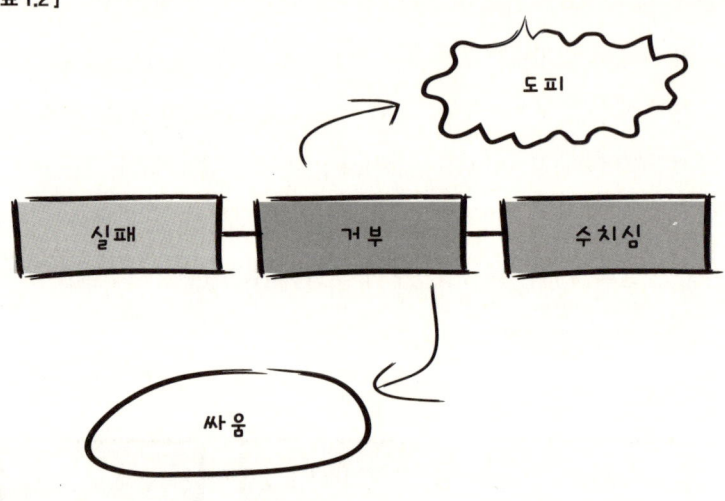

세 번째 반응

나는 싸움과 도피라는 두 가지 반응 가운데 복음은 어느 편을 지지할지 생각해 보았다. 세 번째 반응이 있을지도 생각했다. 복음은 우리가 예수님의 제자로서 실패를 경험하지 않을 것이라고 보장하지 않는다. 나는 이 사실을 알고 있었다. 실패나 고통, 시련에서 면제되리라고 기대할 수 없다. 우리는 무시무시한 처형 도구인 십자가를 지고 예수님을 따르도록 부름 받았다. 하나님나라를 추구하는 삶은 실패를 동반하기 마련이다. 복음은 실패에서 우리를 지켜주는 것이 아니라 더 깊은 의미와 더 소망적인 목적으로 실패를 전환시킨다.

그러면 실패할 때 우리는 어떻게 해야 할까? 실패-거부-수치심의 과정에 복음은 어떻게 개입할까? 실패와 거부에 직면할 때, 나는 주님이 싸우거나 달아날 것이 아니라 그 속에 머물며 복종하라고 당부하셨음을 감지했다. 내 손으로 보복하거나 달아나는 대신, 실패 가운데 하나님을 향한 신뢰가 자랄 수 있다고 생각했다. 분쟁 중에 하나님의 임재를 신뢰하는 "믿음"과 "용기"를 얻게 된다면 어떻겠는가? 하나님의 명령에 복종한다면? 다른 뺨을 돌려대거나 속옷까지 벗어주라는 예수님의 말씀이 이런 뜻일 수 있지 않을까? 위기 속에서 복종하는 것은 예수님과 복음에 대한 신뢰의 표현일 수 있지 않을까?(표 1.3을 보라)

[표 1.3]

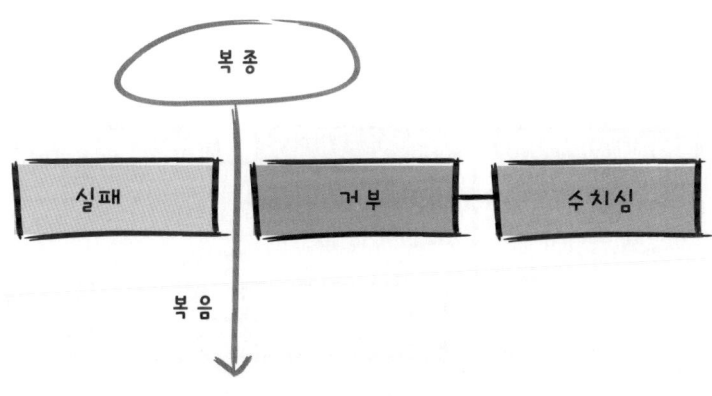

하나님께 복종하는 세 번째 방식은 도로에서 양보 표지판을 만날 때의 반응과 비슷하다는 것을 배우기 시작했다. 나는 다른 사람의 권리를

인정하며 브레이크를 밟는다. 복종할 때 나는 내 삶의 브레이크에 발을 올려놓는 것이다. 이것은 하나님이 원하시는 대로 행하실 권리가 있음을 인정하는 것이다. 통행이 자유로워지면 앞으로 나아갈 수 있다. 내가 세 번째 방법, 즉 복종을 선택할 때, 아버지께서 나를 거부의 자리에서 수용의 자리로, 수치심의 자리에서 영광의 자리로 옮기기 시작하신다. 특정한 기준(언제나 다른 사람에게 거부당하게 만드는)대로 살아내는 데 실패했음에도, 하나님은 나를 버리지 않으셨다. 나는 그분에게 속했다. 그분은 크신 긍휼로 여전히 나를 사랑하신다(표 1.4를 보라).

[표 1.4]

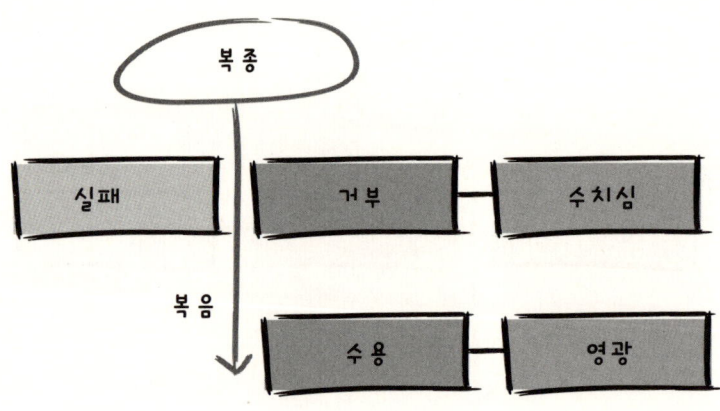

나는 고아처럼 생각하는 것이 아니라 상속자처럼 생각해야 했다. 목회에 실패했지만 나는 주께 버림받지 않았다. 나는 결코 회복되지 못할 실패를 경험하고 있지 않았다. 다시 자녀로 초청받는 경험을 하고 있었다. 하나님은 나를 상속자처럼 대하길 바라셨다.

나의 목사 친구인 맨디는 한술 더 뜬다. 그는 노예처럼("나는 아무것도 아니야") 생각하지 않고 공주처럼("나는 모든 것이다") 생각하려 한다. 맨디는 자신을 상속자 이상으로 생각한다("모든 것의 주인이신 내 아버지께서 내게 가치를 부여하신다"). 실패의 감정에 시달리는 자신이 복음을 통해 진정으로 자유로워졌기 때문이다. 내가 실제로 하나님의 목적에 따르는 (소중하지만 안타깝게도 매우 드문) 순간들이 바로 궁극적으로 자유로운 때다.

초청을 받아들이라

실패의 위기는 도로의 갈림길과 같다. 이 갈림길에서 우리는 변화로 나아가거나 파괴로 나아간다. 나는 실패를 아버지에 대한 믿음을 강화시키는 초청으로 보기 시작했다. 그 초청을 받아들이기만 하면 그분과 더욱 깊고 친밀한 관계로 나아갈 수 있음을 깨닫기 시작했다. 그 초청을 받아들일 때 나는 자유 속으로 들어선다.

감출 것이나 잃을 것, 입증해야 할 것이 전혀 없을 때 우리는 그리스도 안에서 참된 자유를 누린다.[2] 예수님이 이미 우리 죄를 덮으셨으므로 우리는 감출 것이 전혀 없다. 우리는 이미 자신을 부인하고 그리스도를 따라 십자가를 지기 때문에 잃을 것이 전혀 없다. 또한 그리스도께서 이미 우리 죄와 이기적인 야심, 헛된 욕망과 자신의 영광을 추구하는 꿈을 모조리 처리하셨기 때문에 입증해야 할 것이 전혀 없다.

이처럼 그리스도 안에서 낮아지는 삶의 방식은 세상 문화에서 존중되는 목표와 정반대다. 우리는 실패할 수 있지만, 그 실패로 규정되지 않는다. 실패할 수 있지만, 하나님은 여전히 우리를 사랑하신다. 실패할 수 있지만, 우리의 실패를 친히 떠맡으신 하나님이 우리를 받아들이신다. 실패할 수 있지만, 왕의 영광스러운 자녀로 초청받는다.

우리는 주일학교부터 신학교에서까지 이 사실을 배운다. 우리는 이것을 설교한다. 그런데 과연 우리는 이 사실을 우리 존재 중심에서 받아들이고 있는가? 예수님은 여전히 초청하고 계신다. 우리는 감추거나 잃거나 입증할 것이 전혀 없다.

02

성공

교회의 금송아지

[목사로서] 우리는 회중이 요구하는 행동과 존재에 부적합하다. 회중은 경쟁에 앞서도록 도와주는 전문가를 요구한다. 회중은 목사가 종교적인 경쟁의 세계에서 그들을 이끌어주길, 그리고 세상 방식에 대해 안전한 대안을 제시해 주길 원한다. …… 그들은 자신이 따를 수 있는 목사를 원하며, 그래서 성가시게 예수님을 따르지 않아도 되길 바란다. …… [잊지 말라.] 모든 것은 하나님께 달려 있다. 따라서 우리는 부적합하다. 그럼에도 하나님은 우리를 사용하신다. 각자 그리고 함께 우리의 소명을 재발견하자.
_ 유진 피터슨, 마르바 던, 『껍데기 목회자는 가라』(좋은씨앗)

형제들아 너희를 부르심을 보라 육체를 따라 지혜로운 자가 많지 아니하며 능한 자가 많지 아니하며 문벌 좋은 자가 많지 아니하도다 그러나 하나님께서 세상의 미련한 것들을 택하사 지혜 있는 자들을 부끄럽게 하려 하시고 세상의 약한 것들을 택하사 강한 것들을 부끄럽게 하려 하시며 하나님께서 세상의 천한 것들과 멸시 받는 것들과 없는 것들을 택하사 있는 것들을 폐하려 하시나니 이는 아무 육체도 하나님 앞에서 자랑하지 못하게 하려 하심이라.
_ 고린도전서 1장 26-29절

목회 스트레스

지난 주간에 나는 상처 입은 목사 세 분과 통화했다. 첫 번째 목사는 개척한 지 15개월 만에 교회 문을 닫아야 했다. 그는 친구나 가족과 거북한 대화를 나누느라 힘들어했으며, 자신의 정체성을 얽어맨 실패의 매듭을 풀려고 애쓰고 있었다. 두 번째 목사는 자신이 심각한 소비중독에 걸렸고 그 사실을 여러 해 동안 아내에게 숨겨왔다고 했다. 마침내 발각되었을 때, 그는 수만 달러의 빚을 자백해야 했다. 세 번째 목사는 고통과 낙심과 오해 때문에 울기만 했다. 여러 해에 걸쳐 (특히 교회의 핵심 지도자들에게) 받은 영적, 관계적, 정서적 타격 때문에 울었다. 더 이상 곤경을 견딜 수 없었던 그는 내게 사직서를 쓰도록 도와달라고 부탁했다.

우리는 지도자가 되는 것이 매우 큰 희생을 요구한다는 것을 발견했다.
우리는 자신이 가룟 유다나 베드로와 함께 일해 왔음을 발견했다.
우리는 자신의 마음이 기진맥진해졌음을 발견했다.
우리는 자신의 정체성을 목회에 의해 규정해 왔다.
우리는 자신의 성숙을 신학적 역량으로 규정해 왔다.
우리는 멀어진 결혼관계를 용인해 왔다.
우리는 자녀와의 역기능적 관계를 피해 왔다.
우리는 신뢰할 수 없는 사람들과 함께 일하는 고통을 숨겨왔다.
우리는 불만스러워하는 회중을 원망해 왔다.
그리고 우리는 의논할 친구가 거의 없다.

목회 실패의 네 가지 주요 범주

목회 실패 이야기는 다양하다. 죄, 결단력 부족, 분별력 결여, 도덕적 연약함 등이 원인이다. 어떤 원인은 도덕적인데, 이것은 실패가 지닌 분명한 특성을 보여준다. 또 어떤 원인은 도덕과 무관한 것인데, 이런 것들은 불법적이거나 비도덕적이거나 불신실하거나 죄악된 것이 아니다. 이처럼 원인이 다양하지만 실패는 주로 네 가지 범주 가운데 하나에 속한다. 바로 심각한 타락, 비극적인 사건, 서서히 진행되는 누수, 탈진이다.

1. **심각한 타락**_ 자신의 실패를 회상하면서 눈물을 흘리는 목사들이 있다. 그들의 이야기를 듣다보면 때로 구역질이 난다. 심각한 타락은 불륜이나 불법 행위, 교회 공금 횡령 등을 말한다. 이런 죄악들은 대부분 여러 해 동안 비밀스럽게 진행되다가 마침내 발각된다. 이것은 거의 도덕적 실패이므로 가정을 깨트리고 전체 회중을 충격과 불신에 빠트린다.

2. **비극적인 사건**_ 비극적인 사건들은 종종 죄악 되기보다는 갑작스럽고 참담하다. 이것은 평생은 아니라도 오래도록 상흔을 남긴다. 배우자가 암에 걸려 몇 달밖에 살지 못한다는 진단, 갑작스런 유산, 가까운 친구의 배신 따위다. 이런 일을 당하면 사람들은 충격에 사로잡혀 마치 물에 빠진 것처럼 허우적댄다. 물 위로 올라가려고 안간힘을 쓰느라 기력을 소진한다. 보통 다른 사람들이 이런 일을 일으키고, 목회자는 고통당하는 처지에 있게 된다. 이런 일들은 종종 도덕과는 무관한 실패다.

3. **서서히 진행되는 누수**_ 갑작스런 붕괴나 끔찍한 소식이 아니더라도, 서서히 지쳐감에 따라 실패에 직면하기도 한다. 낙심의 물방울이 끊임없이 떨어지는 식이다. 이런 실패는 그칠 줄 모르는 장로들의 부정

적인 이야기, 우울증, 자신의 삶이나 목회가 어떻게 전개될지에 대한 생각에서 오는 낙심과 분노를 포함한다. 이것은 영적 폐렴이다. 아직 죽지는 않았으나 숨쉬기가 곤란하다.

인디애나 주의 시골 교회를 섬기는 50대 후반의 목사인 도널드는 이렇게 말했다. "나는 27년 동안 교회를 섬겨왔어요. 그런데 교인 수가 150명에서 24명으로 줄어들었습니다. 지난주에 회계담당자가 전화로 말하기를, 8월이면 재정이 고갈될 거래요. 영영 교회 문을 닫아야 할 것 같습니다. 30년 가까이 하나님을 섬긴 결과가 이래야 하나요?" 그의 얼굴은 분노와 혼란으로 뒤덮였지만, 현실을 받아들이는 듯했다. 더 이상 싸워나갈 의욕이 없어 보였다.

서서히 진행되는 누수는 도덕적일 수도 있고 도덕과 무관할 수도 있지만, 갑작스러운 것은 아니다.

4. **탈진**_ 목회자의 일정은 종종 한 가지 고비에서 다음 고비로 줄곧 이어지는 식이다. 심한 피로를 느끼지만, 마침내 과부하가 걸려 정지하기까지 쳇바퀴는 점점 빠르게 돌아간다.

북미에서 목회 전망은 밝지 않다. 여러 조사에서 목회자의 탈진에 대한 의미심장한 자료를 보고해 왔다.

- 매달 목회자 1,500명이 탈진이나 교회 내 언쟁 때문에 영영 목회를 떠난다.[1]
- 결혼한 목회자의 50퍼센트가 이혼한다.[2]
- 목회자의 80퍼센트(그리고 그들 배우자의 84퍼센트)가 목회자 역할에

실망하고 있다.[3]
- 지난 석 달 동안 목회자의 40퍼센트가 목회 중단을 진지하게 고려했다.[4]
- 주당 50시간 이내로 일하는 목회자의 실직 가능성이 35퍼센트 더 높다.[5]
- 목회에 들어선 목회자 20명 중 목회자로 은퇴하는 사람은 한 명뿐이다.[6]
- 목회자의 80퍼센트는 목회가 자신의 가족에게 악영향을 끼쳤다고 말한다.[7]
- 목회자의 50퍼센트는 직업의 요구를 만족시킬 수 없으며, 따라서 매우 실망스러워서 되도록 목회를 떠나고 싶지만 다른 생계 방편이 없다고 말한다.[8]
- 목회자의 25퍼센트는 한 번 이상 사임을 강요당하거나 해고당한 적이 있다.[9]
- 목회자의 90퍼센트가 자신의 직분을 감당하기 위한 훈련을 제대로 받지 못했다고 말한다.[10]
- 목회자의 45퍼센트는 우울증이나 탈진 상태가 심해서 휴직이 필요하다고 말한다.[11]
- 여론조사에 응한 목회자 가운데 거의 40퍼센트가 목회를 시작한 이후 혼외 성관계를 가진 적이 있다고 말했다.[12]
- 쉐퍼 연구소에서 조사한 목회자 1,050명은 모두 신학교를 졸업한 가까운 친구나 동료 중에 탈진이나 교회 분쟁, 도덕적 실패로

목회를 떠난 사람이 있다고 대답했다.[13]
- 목회자의 37퍼센트가 현재 인터넷 포르노 문제로 씨름하고 있다.[14]
- 목회자의 70퍼센트가 가까운 친구가 단 한 명도 없다고 말한다.[15]
- 목회자의 70퍼센트가 목회를 처음 시작할 때보다 자존감이 더 낮아졌다고 말한다.[16]
- 교단 건강보험 담당자의 보도에 따르면, 성직자의 의료비가 다른 어떤 직업군보다 높다.[17]
- 알반 연구소가 발표한 보도 자료에 따르면, 표본 집단에 포함된 목회자의 62퍼센트가 영적인 삶을 거의 추구하지 않는다.[18]

이처럼 목회는 잔혹할 수 있다.

목회 성공이란?

실패에 대해 이야기하기 전에, 성공에 대해 그리고 많은 교회에 현존하는 기대에 대해 논의해야 한다. 많은 목회자가 상실감을 느낀다. 목회자가 가장 바라는 것들 가운데 하나는 성공(그리고 실패)에 대한 분명한 기준이다. 문화적 이해가 아닌 복음의 실재에 근거한 기준 말이다. 그들은 교인들의 높은 기대와 감당할 수 없는 압박을 느끼며, 그토록 많은 요구를 충족시키는 건 불가능하다고 믿는다.

교회에 온통 성공 문화가 퍼져 있기 때문에 "성공"을 추구하려는 유혹을 거스르기는 힘들다. 몇 주 전에 한 친구가 익히 알려진 목회 잡지 한 부를 내게 건넸다. 앞표지에 큰 글씨로, "미국에서 가장 크고 가장 빨리 성장하는 100교회"라고 적혀 있었다. 각 교회는 출석 교인 수에 따라 순서가 매겨졌고, 각 페이지에는 미소 짓는 대형교회 목사들의 사진과 함께 그들의 목회 성공 및 성장 비결을 설명한 글이 실려 있었다. 예시, 방법, 실제적인 목회 비결과 조언이 언급되었다. 그러나 한 가지가 빠져 있었다. 인터뷰에 응한 목사들 가운데 예수님을 언급한 사람은 한 명뿐이었다. 이것은 북미 교회의 핵심이 무엇인지 드러낸다. 목회를 위해 배운 것을 대부분 잊고 있는 것이다.

실패는 우리 문화에서 용서할 수 없는 죄라고들 말한다.[19] 많은 목회자가 유명해지고 칭송 받고 싶어한다. 그리스도 안에 감추어지는 삶을 살도록 부르심을 받았는데도, 그들은 평범한 목사이기를 두려워한다. 이러한 "할리우드 목회"는 유혹적이고 파괴적이다. 우리의 교만을 정당화하는 것은 위험하다. 우리가 각광받을 때 우리의 교만을 얼버무리고 넘어갈 위험이 가장 많다.[20]

이러한 것을 추구하는 것은 예수님의 삶이나 가르침과 정반대다(빌립보서 2장을 보라). 예수님은 이 땅에서 보낸 삶의 약 90퍼센트를 한 유대인으로 평범하게 사셨다. 심지어 공생애 중에도 가급적 군중을 멀리하며 자신을 드러내지 않으려 하셨다. 종종 자신이 행한 일을 아무에게도 알리지 말라고 당부하셨다. 흔히 목회자들은 하나님을 경외하는 것처럼 보이려고 영적인 듯한 부드러운 말로 위장하며 자신의 탐욕을 정당화시킨다. 그러나 사실상 그들은 하나님을 경외하지 않는다.

애니 딜러드(퓰리처상을 수상한 미국 작가_옮긴이)가 한 이야기 가운데 좀처럼 뇌리에서 떠나지 않는 것이 있다. 1845년에 북극 탐험에 나선 존 프랭클린 경과 138명에 대한 이야기다. 그들은 얼음으로 덮인 위험 지역을 2-3년에 걸쳐 여행해야 할 것으로 예측했다. 그런데 각 배에 실린 석탄은 2주 분량이었다. 석탄 대신 배에는 불필요한 짐들이 가득했다. 1,200권의 도서, 아코디언, 많은 도자기 세트, 근사한 포도주 잔들, 그리고 손잡이에 대원들의 이름 머리글자와 가족 문장을 새긴 순은 덩어리들이었다. 놀랍게도 "왕실 해군"에서 지급한 제복 말고는 다른 방호복은 전혀 가져가지 않았다.

몇 년 후에 원주민들이 원정대의 얼어붙은 시신들을 발견했다. 그들 뒤에 놓인 썰매들에는 순은 덩어리, 도자기, 초콜릿, 그리고 심지어는 주사위 놀이판이 실려 있었다.[21] 천 명이 출석하는 화려한 교회 건물 옆에 얼어붙은 상태로 누워 있는 심령이 얼마나 많은가? "사람이 만일 온 천하를 얻고도 자기 목숨을 잃으면 무엇이 유익하리요"(막 8:36)라고 하신 예수님 말씀이 생각난다. 십자가의 능력에도 종종 우리는 그릇된 방식으로 성공을 추구하려는 유혹을 받는다.

또한 우리는 위험에서 벗어나 안전하게 성공을 추구하고 싶어한다. "크고 활기찬 교회"라는 성공을 바라지만, 대부분은 실패에 대한 두려움 때문에 위험을 무릅쓰기를 거부한다.

성공이라는 유혹

목회자인 우리는 카리스마를 숭배하는 모습을 보아왔다. 카리스마적인 개인을 광신적으로 추종하는 것은 참된 성경적 공동체를 탈선시킨다. 그 실상이 표면적으로 명확히 드러나지 않을 수도 있지만, 그것은 신앙 공동체를 서서히 갉아먹는다. 그리스도보다 개인을 의존하게 만들기 때문이다. 유진 피터슨은 『목회자의 영성』(포이에마)이라는 책에서 이것을 예리하게 지적한다.

> 목사들은, 기도를 통해 교인들을 하나님의 임재로 인도하지 않고 메시아 역할을 하려 한다. 즉 하나님 대신 하나님 일을 하고, 사람들을 바로잡고, 그들에게 할 일을 알려주고, 지름길을 찾아내는 방법을 모의한다. 이 지름길은 십자가로 가는 긴 여정을 생략할 수 있게 해준다. 우리 눈앞에 닥친 일정은 매우 빡빡하기 때문이다. 그들이 이렇게 할 때 교인들은 그들을 좋아한다. 하나님 자리에 앉으면 돋보이고 근사한 기분이 든다. 우리는 이런 일에 능숙하다.[22]

리더십을 발휘하던 초기에 사울 왕은 고대 세계의 모든 기준에 비추어 볼 때 성공적인 영적 리더십의 본보기였다. 그렇지만 그의 삶은 실패작이었다. 몹시 실망스러운 모습이어서 하나님이 그를 왕으로 세운 것을 후회하실 정도였다. 우리는 사울 같은 지도자를 갈망하고 꿈꾸며 간청하지만, 하나님은 이런 모습을 슬퍼하신다. 왜 우리는 이런 모습을 허용하는가? 자신의 역할에 충실하지 못하기 때문이다(갈라디아서 6장 3-5절을 보라).

우리 가운데 많은 사람은 자신의 노력으로 무엇인가를 보여줄 수 있는 자리에 오르려고 뼈 빠지게 노력한다. 종종 그러한 노력은 탈진(개인적, 정신적, 정서적, 인간관계적 스트레스에 오랫동안 노출되면서 따르는 탈진) 또는 영적 죽음으로 향하는 편리한 심리적 전환을 낳는다.[23] 탈진에 따른 파괴적이고 분명한 결과로는 극도의 피로, 무감동, 좌절, 무감각, 우울증이 있다. 흔히 목회자를 무너뜨리는 것은 파국적인 사건이 아니다. 바로 목회의 쳇바퀴로 줄곧 억압하는 지속적인 스트레스다. 우리는 그 쳇바퀴에 보조를 맞추지 못한다. 그래서 이런 은밀한 기도가 나올 수 있다. '주여, 목회만 제외하고 무슨 일이든 하겠습니다. UPS(미국에 본사를 둔 세계적 물류 운송업체_ 옮긴이)에서 배달을 하든, 보험을 팔든, 창고에서 일하든, 건축 일을 하든, 대리교사를 하든 무엇이든 말입니다.'

『교회를 향한 하나님의 처음 계획 되찾기』(Reclaiming God's Original Intent for the Church)라는 책에서 웨스 로버츠와 글렌 마샬은 오늘날의 목회 성공 척도를 새롭게 돌아보게 하는 도발적인 질문을 제시한다.

- 계속 작은 교회 상태로 머무른다면 잘못된 것일까?
- 해마다 예산이 현격하게 늘어나지 않는다면 올바르지 않은 것일까?
- 우리가 현재 소유한 시설로 만족한다면 그릇된 것일까?[24]

교회에는 성공적인 영적 프랜차이즈를 운영하려는 압박이 널리 침투해 있다. 안타깝게도 이러한 교회들의 교리 속에는 실패를 위한 여지가 전혀 없다.[25] 오늘날의 교회 성공 기준이 지닌 부식 효과는 우리 영혼과 우리가 사랑해야 할 영혼들까지 파괴한다. 목회에서 성공이라는 유혹은 늘 존재하며 무시하기 힘들다. 성공적인 목회자가 되려는 욕구는 영적인 언어로 쉽게 가려질 수 있다. 그러나 조금만 깊이 파고들면 그것이 자기 영광을 추구하는 마음을 번지르르하게 포장한 것임을 알 수 있다. 성경은 이것을 "이기적인 야심"(selfish ambition, 개역개정 성경은 대부분 "다툼"으로 번역하였다_편집자)이라 부른다.

이 점을 분명히 하자. 내가 비판하는 것은 교회의 예산 규모나 주차장 크기, 평균 출석 교인 수가 아니다. 더 큰 교회가 되려는 바람 뒤에 숨어 있는 그릇된 동기다. 무엇이 우리를 이끄는가? 각광과 인정? 수천 명에게 끼치는 영향? 직함에 따르는 권력? 그렇지 않다면 비록 유명해지지 않더라도 점점 낮아지는 신실한 종에 만족하는가?

다시 말해서 문제는 큰 교회 자체가 아니다. 큰 교회에서 목회하려는 깊은 열망과 어두운 동기, 그리고 그 동기가 우리에게 끼치는 영향이 문제다. 성공적인 목회를 향한 갈망은 특정 모델이나 방법론에 치중하는 경향이 있다. 불행히도 오늘날 당회나 리더십 토론에서 강연자로 나선 사람들은 믿음, 기도로 성령을 의지함, 자신에 대해 죽음, 지속적인 영적 성품 개발 등의 주제(예수님이 중요하게 여기신 주제)에 시간을 거의 할애하지 않는다. 방법론과 테크닉에 초점을 맞출 때, 우리는 효율성과 능력, 성장에 매달리기 쉽다.

민수기 20장에 나오는 모세 이야기는 믿음의 핵심을 가르쳐준다. 모세가 지팡이로 바위를 내리친 것은 하나님을 신뢰하지 못했기 때문이다. 예전에도 바위를 쳐서 물을 얻은 적이 있었다.[26] 하나님을 그토록 화나시게 한 것은 하나님보다 자신의 방식을 신뢰하는 믿음이었다.

방법론과 모델이 목회에 도움을 주는 것은 사실이다. 적절한 상황에서 순수한 동기로 지혜롭게 사용될 때, 이들은 건강한 교회 환경을 조성하는 데 도움이 된다. 우리의 골격 구조는 신체건강에 중요하다. 구조 자체는 나쁘지 않다. 그러나 우리의 신앙을 구조에 두는 일은 있을 수 없다. 어떤 대가를 치르고서라도 성공하길 바라는 목회자들은 구조와 모델, 방법론을 지나치게 강조하기 쉽다.[27] 테크닉의 지팡이로 성장의 바위를 내리치는 것은 매우 유혹적이다. 그것은 예전에 효력을 발휘했다. 그런데 왜 그 방법을 다시 사용해서는 안 될까?

대형교회는 표준이 아니다

"미국 교회 연구"(National Congregations Study)에 따르면, 약 30만 개의 미국 교회 주일 예배 참석 교인 수는 평균 75명이다.[28] 다른 연구 자료에 따르면 매주 교회 출석 인원수는 평균 58명이며, 미국의 교회들 가운데 매주 100명 이하 모이는 교회가 약 18만 개다. 이는 북미 전체 교회의 60퍼센트가량에 해당한다.[29] 간단히 말해서, 미국은 소형교회의 나라다. 우리가 소수인 대형교회를 치켜세우며 그들을 표준으로 믿는 것이 문제다. 그들은 표준이 아니다.

반면에, 미국의 대형교회는 약 1,500개로서 전체 교회 수의 0.5퍼센트 이하다.[30] 우리 중 많은 사람이 그 반대인 것으로 믿어왔을 수 있다. 미국 목회자 가운데 대부분은 거의 모든 교인의 이름을 알고 있으며, 교인들이 살아가는 사정을 익히 안다.

많은 목사들이 큰 교회와 자신이 섬기는 교회를 비교할 때 느끼는 것은 자긍심이 아니라 불안이다. 모두가 자신의 무능함을 느끼며, 사람에 따라 더 큰 고통을 느낀다. 목회 소명에 있어 전문가가 되려는 기대감이 있기 때문에 자신의 무능함을 받아들이기 힘들다. 신학대학원 졸업자에게 주어지는 "신학석사"라는 학위를 생각해 보라("석사"에 해당하는 영어 master는 "통달한 자"라는 뜻이 담겨 있다). 이 학위는 교인들에게 어떻게 받아들여질까? 신학대학원을 졸업할 때, 우리는 정말 신학(또는 신앙)에 통달할까? 많은 사람이 자신을 예수님을 사랑하는 전문적인 그리스도인으로 알고 있는데 자신의 연약함이나 무지, 죄를 인정하는 것은 괴로운 일일 수 있다. 다른 사람들의 기대에 부응하는 삶을 살려고 애쓸 때 우리는 근심으로 지쳐버릴 수 있다.

신학교에 대한 거짓말

대부분의 교단은 목사 안수를 위해 신학교 학위를 요구한다. 나는 늘 초교파 교회에서 목회를 했기 때문에 그런 요구를 만족시키지 않아도 되었다. 내가 신학교에서 배운 한 가지는 목사가 되기 위해 굳이 신학교에 갈 필요가 없다는 것이었지만, 신학교 교육은 목회를 위한 귀한 도구다.

성경적인 기반을 지닌 신학교에서 학위를 받는 것은 (내 경우도 그랬듯이) 의미 있는 경험일 수 있다. 그렇지만 신학 학위(또는 출신 신학교)를 목회 역량의 주요 측정 기준으로 여기는 주변 사람들을 보면 매우 불편해진다. 사도행전에서 바리새인들(이스라엘에서 신학적으로 빈틈없는 지도자였다)은 제자들(신학 교육을 받지 못하여 제도적 신뢰성을 결여한 사람들이었다)이 신학교에 다니지 않았는데도 예수님과 함께 있었다는 사실에 놀라워했다(행 4:13).

몇 년 전, 내가 졸업한 신학교의 졸업식에 참석한 적이 있다. 한 친구의 졸업식 연설을 듣고, 학위를 받는 친구들을 축하하기 위해서였다. 졸업식이 끝난 후 복도에서 벤과 마주쳐 축하 인사를 건넸다. 벤은 내가 목회를 하면서 알게 된 사람으로 그날 목회학 박사 학위를 받았다. 잠시 한담을 나누다가, 그는 나 역시 그 신학교 출신임을 기억해냈다.

"졸업한 지 오래되셨죠?" 하고 벤이 물었다.

"그렇죠, 꽤 됐죠."

"목회학 석사 학위를 여기서 받으셨어요?"

"네."

한 차례 더 축하해 주면서 짤막한 대화를 끝내고 나는 집으로 향했다. 사실 나는 오래전에 졸업한 것이 아니었다. 불과 1년 전이었다. 나는 신학교 과정을 마치는 데 9년이 걸렸다. 처자식 돌보랴 목회하랴 하느라 겨우 과정을 마쳤다(이 이야기는 나중에 할 것이다).

게다가 내가 받은 학위는 목회학 석사가 아니라 문학 석사다(선교 신학을 공부했다). 당시 학우들은 농담 삼아 그 학위를 "다이어트 목회학 석사"라 불렀다. 그 지인과의 대화에서 나는 두 번 거짓말을 한 것이다. 집으로 차를 몰면서 수치심과 당혹감과 분노를 느꼈다. '내가 왜 그랬을까? 왜 사실대로 말하지 않았을까? 그토록 두려워한 이유가 무엇일까? 무엇을 그리 두려워한 걸까?' 눈물을 흘리며 회개했다. 워낙 생활의 여유가 없던 나는 많은 기독교 지도자들이 합법적인 목사가 되기 위해 중요한 과정으로 여기는 것을 거치지 못했다. 종종 나는 마치 2군 팀에서 선발로 나서기에 충분하지만 1군 팀에서는 벤치 끝에 앉아 몸만 풀고 있어야 하는 선수 같은 느낌이 들었다.

"무자격 목사"라는 느낌

거의 10년 동안 목회를 해왔지만, 나는 목사 안수를 받지 못했다. 여러 해에 걸쳐 다른 목사들을 포함한 많은 사람이 친절한 말이나 격려의 글로 내 목회를 지지했다. 나는 여러 교회와 교단에서 설교했다. 사람들은 내 삶에서 하나님의 손길을 본다고 말하면서 내 은사를 인정했다. 그러나 이러한 지지와 인정은 공식적인 정식 안수라고 할 수 없었다. 대부분의 사람들은 내가 이미 목사 안수를 받은 줄로 아는 것 같았지만, 그 사실을 물어보는 사람은 없었.

때로는 어리석고 소심하다는 생각이 들었다. 내가 갖추지 못한 요건은 나를 힘들게 했다. 2군 팀이라는 생각이 나를 따라다녔다. 목회학 석사 학위가 없고 목사 안수도 받지 못했기 때문에, 몹시 불안해지는 상황이 더러 있다. 이렇게 속삭이는 마귀의 거짓말을 믿을 때도 있다. '너는 불법이야. 내세울 게 전혀 없어. 네가 누구기에 다른 이들을 위해 목회를 하려고 하는 거야? 넌 무자격자야.'

친구 에반의 목회 임직식에 참석해 달라는 부탁을 받았을 때는 이 거짓말이 무척 설득력 있게 느껴졌다. 에반은 내가 그의 삶과 목회자의 소명에 큰 영향을 끼쳤으며, 따라서 그 임직식에 참석해 주길 바란다고 했다. 임직식을 주도하는 목사도 에반의 요청에 따라 내게 참석해 달라고 부탁했다. 임직 심사위원 자리에 앉을 수 있는지도 물었다.

몹시 난감했다. 임직 심사위원으로 추천 받은 것은 영광이지만, 에반이나 임직 심사위원회 주관 목사는 내가 목사 안수를 받지 않았다는 사실을 모르고 있었다. 에반은 그 사실을 알았더라도 그다지 개의치 않았을 것이다. 그러나 임직식을 주도하는 목사는 내게 부탁하지 않았을 것이다.

나는 심사위원들이 만나기로 한 시간에 맞추어 급히 약속을 잡은 후, 이메일로 답신을 보냈다. 심사위원으로 초청해 줘서 감사하나 참석하지 못하게 되어 유감이라는 내용이었다. 하객으로는 참석할 거라고 썼다. 나는 심사위원을 맡기 싫은 게 아니었다. 그들이 내 상황을 알 경우에 난색을 보일 거라는 생각이 들었을 뿐이다. 나는 거짓말쟁이가 되고 싶지 않았다. 곤란한 상황을 피하려고 억지로 일정을 만들었다.

그런데 임직식에 참석했을 때, 내가 미처 생각하지 못한 난감한 일이 생겼다. 임직식 몇 주 전에 열린 임직 심사 과정에는 참석하지 않았지만, 에반이 내게 마무리 기도를 부탁한 것이다. 당황스럽긴 했으나, 간략한 마무리 기도 정도야 괜찮을 거라고 생각했다. 누구나 기도는 할 수 있지 않은가? 다양한 사람들이 다양한 상황에서 기도한다. 임직식 참석을 위해 정장을 입으면서 마음이 긴장되고 몸에 땀이 나기 시작했다. 친구를 돕고 싶지만, 그 과정이 내게 얼마나 곤란한 일인지를 그가 알게 하고 싶진 않았다. 마무리 기도를 맡지 않았다면 나는 그냥 집에 있었을 것이다.

오랜 역사를 자랑하는 침례교회의 계단을 올라가자 임직식 주관 목사가 나를 맞으면서 마닐라지로 만든 봉투 하나를 건넸다. "여기에 사인해 주세요." 나는 예배당 뒷좌석으로 가서 조용히 봉투를 열었다. 내 예감이 맞았다. 봉투 속에는 에반의 임직 자격증이 들어 있고, 임직 심사위원 서명란이 있었다. 다른 목사들은 모두 서명했고 내 서명란만 비어 있었다.

불안감이 고조되었다. 도착할 때 받은 식순 안내서를 읽어보니, 에반에게 안수 기도하는 순서가 있었다. 안수를 맡은 임직 심사위원들의 이름이 적혀 있었다. 내 이름도 있었다. 왈칵 눈물이 치솟았다.

임직 심사 모임을 가까스로 피하고 임직 증명서 사인을 대충 해서 넘겼지만, 회중 앞에서 에반에게 안수 기도를 한다는 건 내 마음이 용납하지 않았다. 에반과 담당 목사들이 안수식을 위해 앞으로 나갈 때, 나는 재빨리 뒷문으로 빠져나가 아래층 화장실로 들어갔다. 어둡고 싸늘하며 비좁은 화장실에서 나는 외로이 눈물을 흘렸다.

나를 임직식에 초대해 준 에반이 고마웠다. 나도 여러 사람 앞에서 무릎을 꿇고 내 머리와 어깨에 얹은 목사들의 따뜻한 손의 온기를 느끼고 싶었다. 그리고 목사 직분을 공적으로 인정받고 싶었다. 질투하는 것은 아니었다. 다만 몹시 외로웠다. 바로 그 순간, 위층에서 에반이 경험하고 있는 것을 나도 경험하고 싶었다. 하찮은 인정이나 관심을 받고 싶은 것이 아니라, 하나님과 사람들 앞에서 목사로 인정받은 이들이 나 역시 인정해 주기를 원했다. 주님과 다른 목사들을 통해 목회직을 인정받은 때를 회상케 하는 임직일과 증명서를 나는 원했다(마음속에 의심이 심해지고 마귀의 속삭임이 강렬해질 때면 특히 그랬다). 나는 눈물을 닦고 마음을 다잡았다. 마무리 기도 시간에 맞춰 다시 앞좌석으로 가서 앉았다. 힘든 기도였다. 마침내 임직식이 끝났다. 음료수를 마시고 치즈와 크래커를 먹었다. 마음이 아팠으나, 그 사실을 아는 사람은 아무도 없었다.

나는 예수님의 놀라운 은혜에 대해 아직 배워야 할 것이 많다. 우리의 심각한 타락과 비극적인 사건들, 서서히 진행되는 누수와 탈진 상태에도 그분은 우리를 인정해 주셨다. 그분은 자신의 목적을 위해 온갖 부류의 사람들(임직을 받지 않은 사람들마저)을 모두 사용하신다고 나직이 말씀하신다. 우리에게는 아직 희망이 있다. 그분은 우리가 복음의 깊이를 이해하기를 바라신다. 우리는 슈퍼 목사일 필요가 없다. 압박감에 시달리지 않아도 된다. 예수님이 여전히 통제하신다. 용기와 인내, 믿음으로 받아들이기만 하면 이 놀라운 역설적인 축복은 우리 것이 될 것이다.

03

신실함

목회의 진정한 의미

우리가 가장 두려워해야 하는 것은 실패가 아니라
중요하지 않은 일에 성공하는 것이다.
_ 프랜시스 챈, 『크레이지 러브』(아드폰테스)

그가 내 안에 내가 그 안에 거하면 사람이 열매를 많이 맺나니
나를 떠나서는 너희가 아무것도 할 수 없음이라.
_ 요한복음 15장 5절

우리가 목표로 삼는 것

우리가 성공을 어떻게 규정하는가가 우리를 규정한다. 성공에 대한 규정은 우리는 물론이고 우리가 섬기고 인도해야 하는 사람들에게도 매우 의미심장하다. 목회 성공에 대한 규정(또는 우리가 받아들이는 다른 이들의 규정)은 때로 부정확하고 용납할 수 없는 목회 요건을 만들어낸다.

어떤 이들은 분명히 죄로 여겨지는 실패를 경험한다. 도덕적 무분별, 공금 횡령, 의도적인 기만, 범법, 성범죄 등이다. 그런가 하면 쉽게 규

정되지는 않지만 모호하게나마 인식되고 느껴지는 실패도 있다. 심각한 죄를 지은 것은 아니지만 무엇인가 잘못되었음을 감지한다. 우리가 실패처럼 느끼거나, 다른 이들이 우리의 목회를 실패라고 말하거나, 우리 스스로 목회가 제대로 진행되지 않는다고 생각할 수도 있다.

그렇다면 목회 성공이란 어떤 것일까? 이 책은 대부분 실패와 씨름하는 개인 목회자나 지도자에 초점을 맞춘다. 그러나 이 장은 구조적 측면에 초점을 맞춘다. 한 장으로는 부족하겠지만, 간략하게나마 살펴볼 필요가 있다.

어떤 이들은 단체나 교단의 기준에 비추어 실패했다는 말을 듣는다. 그런데 성공과 실패의 기준을 어떻게 알며, 그것을 누가 정하는가? 우리 교회는 실패하고 있는가, 성공하고 있는가? 나는 어떻게 하고 있는가? 목회자에게는 목회를 평가하는 분명하고 설득력 있는 기준이 필요하다.

목회 성공의 분명한 기준이라는 것이 성경보다는 통속적인 사업 모델에 더 많이 근거한 경우가 종종 있다. 왜곡되며 근시안적인 목회 평가에 대해 유진 피터슨보다 분명하게 설명한 사람은 없을 것이다. 『균형 있는 목회자』(좋은씨앗)라는 책 머리말에서 그는 질책하는 선지자의 어투로 이렇게 말한다.

미국의 많은 목회자가 자신의 직무를 포기하고 있다. 그들은 교회를 떠나지 않으면서 다른 직업을 갖는다. 교회에서는 그들에게 여전히 사례비를 지급한다. 그들은 주일에 계속 설교단에 서지만 자신의 직무와 소명을 포기하고 있다. 다른 신들을 숭배한다. 목회를 가장하여 그들이 하는 일은 20세기 동안 교회 목사들이 해온 일과는 전혀 무관하다.

그 점에 분개하는 이들도 별로 없다. 우리는 버림받을 때만 분개한다. …… 목회 사역에 대해 논의할 수 있으리라고 기대하고 참석한 자리에서 몹시 실망하는 경우가 종종 있다. 그 자리에서 사람들이 관심을 기울이는 것은 이미지와 통계다. 유명인의 이름을 들먹이고, 영향력과 지위에 대해 말한다. 하나님과 영혼, 성경에 대해서는 별 관심이 없다. ……

미국의 목회자들은 가게 주인으로 변했다. 그들의 가게는 교회다. 그들은 가게 주인의 관심사에 몰두한다. 고객을 기분 좋게 하는 법, 경쟁자에게서 고객을 유인하는 법, 고객의 지갑을 열게 할 상품을 갖추는 법이 가게 주인의 주요 관심사다.

그들 가운데 일부는 가게를 잘 운영한다. 많은 고객을 확보하고 많은 돈을 벌어들이며 유명해진다. 그렇지만 그것은 장사일 뿐이다. 종교적인 장사도 장사이긴 마찬가지다. 패스트푸드 프랜차이즈의 마케팅 전략이 이 사업주들의 마음을 사로잡고 있다. 잠을 자는 동안에도 그들은 언론인들의 관심을 끌 정도의 성공을 꿈꾼다. ……

성경적인 관점에서 보면 성공적인 교회란 없다. 대신 세계 곳곳에서 매주 하나님 앞에 모이는 죄인들의 공동체가 있을 뿐이다. 성령이 그들을 모아 그들 안에서 당신의 일을 행하신다. 이 죄인 공동체에서 죄인들 중 하나가 목사로 불리며, 공동체 안에서 지정된 책임을 맡는다. 목사의 책임은 공동체의 관심이 줄곧 하나님에게 향

하도록 유지시키는 것이다. 그러나 많은 목회자가 책임을 포기하고 있다.[1]

하나님을 "대신하여" 일하는 분주한 종교 세일즈맨의 역할을 버리고 하나님과 "함께" 살아가는 소명을 회복하여 다른 사람들도 그런 삶으로 초청할 때, 신실하게 순종하는 목회의 길이 열리기 시작한다.[2] 그러나 서글프게도 이렇게 하기가 점점 힘들어진다. 이 길을 걷는 데 따르는 보상이 열악하기 때문이다.

하나님께 집중하며 바르게 반응하기

유진 피터슨의 글을 자주 인용하는 이유는 그의 글을 자주 읽기 때문이다. 사실 내 목회 여정에 가장 의미심장한 영향을 끼친 사람이 유진 피터슨 목사다. 나는 거의 10년 동안 그를 멘토로 삼아왔다. 우리가 처음 만난 것은 『메시지』(The Message) 발간 기념행사에서 내가 사회를 볼 때였다. 당시 20대 초반이었던 나는 행사 후에 그에게 편지를 썼다. 내가 편지할 때마다 그는 친절하게도 일일이 답장을 보냈다. 우리는 여러 해 동안 목회 관련 대화를 나누는 동역자였다.

몇 년 전 여름, 피터슨 목사는 며칠 동안 나를 몬태나 주에 위치한 그의 집으로 초대했다. 시원한 6월 오후에 함께 오솔길을 산책하면서, 나는 회중의 삶에서 목사의 역할이 무엇인지 물어보았다. 그는 간단히 대답했다. "회중이 하나님께 집중하며 바르게 반응하도록 돕는 것이죠."

목회자는 바바라 브라운 테일러가 말하는 "하나님의 탐정"이 된다.[3] 하나님이 지으신 세상에서 하나님을 인식하도록 사람들을 돕는 것이다. 집중과 바른 반응은 둘 다 (이 순서대로) 필요하다. 신실한 목회는 사람들이 있는 곳에서 그들을 만나는 것이며, 하나님이 바라시는 곳으로 그들과 함께 걸어가는 것이다.

오늘날의 성공 기준

오늘날 목회 성공 기준으로 제시되는 세 가지 B는 건물(buildings), 사람(bodies), 예산(budget)이다. 이것은 세 가지 질문으로 표현된다. "얼마나 큰가?" "얼마나 많이 모이는가?" "얼마나 많은가?"[4] 이 사고방식을 지닌 사람은 이렇게 말한다. "우리의 시설이 크다면(또는 우리가 교회 건축을 추진하고 있다면), 출석 인원이 작년보다 늘었고 예산이 증가하고 있다면, 우리 교회는 성공적이다."

이 세 가지 질문을 뒷받침하는 것은 사업에서 통용되는 "효율"이라는 원칙이다. 더 효율적으로 문제가 해결되고 교인 수가 늘어날수록 더 "성공적이다."[5] 이렇게 말하는 사람은 한 손에 성경을, 또 다른 손에는 〈포브스〉(미국의 경제 전문지_옮긴이)를 쥐고 있다. 이 경우에는 초점이 성과에 맞춰지면서 의심할 여지 없이 돈 문제가 부각된다. 성장과 인간관계는 반비례한다. 즉 목회가 효율적으로 진행될수록, 서로의 관계는 덜 친밀해진다.

최근에는 교회 지도자들이 경영 모델을 이용하는 경우가 워낙 잦아서 다른 방법들은 아예 잊힐 지경이다. 그러나 역설적이게도 예수님의 사역은 참으로 비효율적이었으나 매우 효과적이었다. 그분의 초점은 건물이나 조직이 아니라 하나님나라(하나님의 규칙과 통치)에 맞춰졌다. 오늘날의 성공 기준이 옳다면, 예수님은 이 땅에 사시면서 치유와 가르침, 기도와 구원을 더 많이 베푸셨어야 했을 것이다. 그러나 지금까지 남아 있는 것은 바로 예수님의 소망의 메시지다.

우리는 신실함과 열매를 성장과 효율성으로 대체해 왔다. 교회를 효율적으로 운영하지만, 비효과적인 방향으로 나아간다. 우리의 주된 소명이 큰 교회를 세우는 것이 아니라 하나님나라에 역동적으로 참여하는 것임을 우리는 잊어왔다. 우리의 가장 큰 실패는 하나님나라보다 지역 교회를 더 우선시한 것일지도 모른다.

"얼마나 큰가?" "얼마나 많이 모이는가?" "얼마나 많은가?" 우리가 이 세 가지 평가 기준에 끌리는 이유는 무엇일까? 수치는 쉽게 평가될 수 있기 때문이다. 이 평가 기준에는 주관적인 면이 없다. 아울러 우리는 고객(종교 고객)으로 살아가는 데 익숙해져왔다. "교회판 판타지 축구 경기" 같은 문화를 만드는 데 일조했다. 팀 켈러는 교회 출석자들의 심리에 대해 이렇게 썼다. 사람들은 "예배와 설교가 흥미롭고 매력적일 경우에만 교회에 간다. 따라서 강력한 종교 경험을 일으키며 개인적인 매력으로 많은 사람의 관심을 끌 수 있는 목회자에게는 보상으로 큰 교회가 주어진다."[6] 이러한 사고방식은 신약성경의 가르침과 전혀 무관하다.

목회 사역에서 만나는 유혹들

헨리 나우웬은 가톨릭 신부와 다작 작가 이상이다. 하나님이 토론토의 라르쉬(L'Arche)에서 가난한 사람들을 섬기도록 부르시기 전까지 그는 (북미에서 가장 명석한 지성인들과 교제하면서) 하버드 대학에서 교편을 잡았다. 라르쉬에서 그는 말을 거의 못하고 자신을 돌보지 못하며 혼자서는 기본 생활조차 하지 못하는 지적장애인들을 섬겼다. 개인적인 업적, 저술한 책들, 학구적인 명성은 더 이상 중요하지 않았다. 새로운 소명으로 몸부림쳤으나, 그것이 그의 삶을 변화시켰다. 그의 책 『예수님의 이름으로』(두란노)는 종의 리더십과 목회 소명을 다룬 의미심장한 책이다. 앉은 자리에서 한 번에 읽을 수 있지만 충분히 소화하는 데에는 여러 해가 걸린다.[7] 마태복음 4장에 나오는 예수님의 시험에 착안하여, 나우웬은 기독교 지도자들이 빠지기 쉬운 세 가지 유혹을 묘사한다. 바로 적합한 사람이 되고 싶은 유혹, 대단한 사람이 되고 싶은 유혹, 그리고 힘 있는 사람이 되고 싶은 유혹이다.

적합한 사람이 되고 싶은 유혹은 우리가 사람들이 찾는 사람이 되고 싶을 때(사람들이 우리 말을 듣고 싶어할 때) 생긴다. 우리는 자신이 사람들과 친할수록 더 많은 사람이 교회로 온다고 생각한다.

대단한 사람이 되고 싶은 유혹은 영웅적인 어떤 일을 요청받을 때 생긴다. 나우웬은 이렇게 말한다. "나는 대부분의 생애를 줄타기하는 곡예사, 한쪽 꼭대기에서 반대쪽 꼭대기까지 무사히 건넜을 때 들을 수 있는 박수갈채를 늘 기다리는 곡예사처럼 살아왔다."[8]

힘 있는 사람이 되고 싶은 유혹은 다른 사람들(그들의 생각, 감정, 신념, 헌금, 출석, 헌신)을 통제하려 할 때 생긴다. 나우웬은 계속해서 말한다. "힘을 복음 선언의 손쉬운 도구로 간주하고 싶은 것이 가장 큰 유혹이다. 우리는 힘을 갖는 건(그 힘을 하나님과 다른 사람들을 섬기는 데 사용한다면) 좋은 일임을 자신에게 말할 뿐 아니라 다른 이들에게서도 줄곧 듣는다."[9]

우리는 사랑이라는 힘든 과제를 힘으로 대체하려 한다. 하나님을 사랑하기보다는 하나님의 자리에 오르려 한다. 삶을 사랑하기보다는 삶을 소유하려 한다.[10] 참으로 비극적이면서도 실제적인 사실이다.

목회 우상들

우리는 이른바 목회 성공을 추구하게 만드는 동기 요인과 관련하여 우리의 우상이 무엇인지 돌아봐야 한다. 그것들은 우리의 영혼을 망가뜨린다. 우리 중에는 나름대로 하나님을 위해 분주한 이들이 많다. 주변 사람들의 요구를 만족시키느라 일정이 넘쳐 난다. 이런 분주한 생활 양식을 싫어한다고 공공연하게 말하지만 이미 중독되어 있다. 우리는 끝없는 요구들을 싫어하지만, 마음속 깊은 곳에서는 그것들을 원한다. 그런 요구들이 없으면 다른 이들에게 필요한 존재라고 느끼지 못할 것이다. 우리가 불필요하다면 어떤 기분일까? 그럴 경우에 우리의 정체성과 자존감은 어떻게 될까? 분주함은 양의 탈을 쓴 늑대다.

서글프게도, 다른 이들에게 필요한 존재가 되려는 마음이 우리의 목회 동기로 작용하는 경우가 많다. 필요한 존재라고 느끼는 것이 목회적 정체성의 주요 부분을 차지한다. 그러나 이 같은 우상들은 우리 마음을 시들게 한다.

숫자에 대한 적절한 이해

목회 기준을 논의할 때, 숫자를 모조리 무시해선 안 된다. 문제는 교회가 크거나 작은 것 자체가 아니다. 우리의 실패는 영적 훈련(spiritual formation)과 제자도에 우선순위를 두지 않는 데 있다. 제임스 브라이언 스미드는 우리가 ABC(attendance[출석], buildings[건물], cash[헌금])라는 기준에서 D(discipleship[제자도])로 전환하는 데 실패했다고 말한다.

숫자(numbers)는 성경에도 나온다. 성경에는 "민수기"(Numbers)라는 책이 있다. 그러나 구약성경 대부분은 이야기로 이루어져 있다. 숫자가 지역 회중의 건강을 측정하는 일부 기준일 수 있고 또 그러해야 하지만, 그것이 전부는 아니다.

숫자가 중요한 것은 하나님 이야기와 다른 이들 이야기에 근거하기 때문이다. 예수님은 하나님나라라는 소망적인 이야기를 들려주셨고, 사람들의 망가진 이야기를 새로 회복시키셨다. 위대한 이야기는 의미로 가득하지만, 그것이 효율적인 경우는 드물다. 성공/신실함의 기준에서 가장 중요한 요소는 우리 이야기가 하나님 이야기(그리고 다른 이들 이야기)와 조화를 이루느냐다.

큰 숫자를 결정하는 것은 효율성이다. 위대한 이야기를 결정하는 것은 일치다. 우리 이야기가 하나님 위대한 이야기와 조화를 이룰 때, 우리는 소명에 들어맞는 삶을 신실하게 살고 있는 셈이다. 요한복음 15장에서 예수님은 그분이 제자들 안에 거하시듯이 그들도 그분 안에 거할 것을 당부하셨다. 이어서 "나를 떠나서는 너희가 아무것도 할 수 없음이라"고 말씀하셨다(5절).

숫자는 건강을 진단하는 도구로 활용될 수 있지만, 목회의 등급을 정확히 제시하는 최종적이며 유일한 통지표일 순 없다.[11] 숫자를 지나치게 강조하고 이야기의 역할을 경시할 때 문제가 생긴다. 사람을 숫자로 평가할 때 그의 개인적 특성과 가치는 무시하게 된다. 교회에서 성공 위주의 사고방식은 테크닉과 결과를 지나치게 강조하며, 따라서 경건과 하나님의 주권의 중요성을 경시하고 목사에게 지나치게 심한 압박을 가하게 된다.[12] 건실한 이야기를 지니지 않은 목사는 도덕적, 영적 재앙으로 나아가기 마련이다.

"이제 채소가 나왔어요?"

숫자에 우선순위를 두는 목회 성공 기준이 잘못되었다면 우리는 어디에 초점을 맞춰야 할까? 이 질문에 답하려면 신중한 지혜가 필요하다. 특정한 방정식이나 공식, 정산표로 대답할 순 없기 때문이다. 요컨대, 우리는 신실하도록 부르심 받았다. 신실함이 우리의 기준이다(개역

성경은 영어 faithfulness를 "충성", "충실", "성실", "미쁘심" 등으로 번역하였으나 이 책에서는 문맥과 내용에 따라 "신실", "신실함"으로 표현하였다_ 편집자). 목회에 대한 비즈니스 모델 접근이 "결과" 위주라면, 성경적 접근은 "과정" 위주다. 육아처럼 목회도 끝이 없다. 사람들은 언제나 과정 중에 있다. 이것은 큰 인내와 신뢰를 요구한다.

몇 년 전 초봄의 어느 주일 오후, 아내가 뒷마당 채소밭에 씨를 뿌리고 있었다. 당시 세 살이던 큰 아들 카터가 엄마를 돕고 싶었던 모양이다. 카터는 장화를 신고 장갑을 끼고서 밭에 들어갔다. 얼마 후에 내가 카터를 불러서 깨끗이 씻기고는 낮잠을 재웠다. 몇 시간이 지난 뒤, 아이가 일어나서 물었다. "아빠, 채소 나왔어요?" 그 순진한 질문에 나는 웃음을 터뜨리면서 우리가 먹을 수 있을 만큼 채소가 자라려면 몇 주가 지나야 한다고 말해 주었다. 그러자 아들의 얼굴에는 슬픔이 가득했다. 몹시 실망한 눈치였다. 아들이 원한 건 과정이 아니라 결과였.

목회에서도 "채소가 나왔어요? 목회 성장이 확연히 보이나요? 열매는 어디 있죠?"라고 묻는 경우가 많다. 땅을 비집고 나오는 싹이 당장 보이지 않으면 우리가 깊은 실망에 빠질 수 있다(이웃 집 채소가 이미 근사하게 자랐을 경우에는 특히 그렇다). 우리는 결과가 없어 조바심하거나 상대적인 비교로 낙심하기 쉽다.

대부분의 경우, 목회는 더디며 신실하게 내딛는 걸음이다. 과정이다. 그러나 신실함을 핑계로 아무 일도 하지 않고 물러나 앉아 있을 순 없다. 신실함은 노력(특히 힘겨운 노력)을 요구한다. 우리는 하나님이 우리를 불러 맡기신 일에 신실하기 위해 일한다. 건강한 목회 사역과 건강하지 못한 사역을 구분해 주는 것은 우리 마음의 동기다.

이 힘겨운 노력은 오랜 기간 동안 땅을 가는 일을 포함한다. 믿음과 인내가 필요한 고된 일이다. 다른 직종에 종사하는 사람들은 특정한 평가 기준이나 할당액을 지녔을 수 있다. 그러나 목회자는 소명에 충실하되 결과에 연연하지 말아야 한다. 이것이 목회 소명이며, 때로는 가장 힘든 부분일 수 있다.

건강과 열매

우리가 추구하는 것을 바르게 설명하고 신학적으로 정확하게 표현한 단어는 성공이 아니라 "건강"이다. 건강한 유기체는 성장하며 성숙해진다. 그러나 유기체의 종류나 생장 단계에 따라 종종 건강이 다르게 보인다는 점을 유의해야 한다.

단순한 신실함 그 이상의 무엇이 있는가? 열매(fruitfulness)는 어떤가? 예수님이 요한복음 15장에서 열매 맺는 목회를 말씀하지 않으시는가? 제자들에게 열매를 기대하지 않으시는가? 분명 기대하신다. 그러나 예수님이 말씀하시는 열매는 구조적이거나 조직적이기보다는 개인적이다. 포도나무에 붙어 있을 때 사람들은 열매가 풍성한 삶을 살 수 있다. 신실함은 지속적인 것이다. 신실함이 저절로 열매로 이끌 줄로 믿기 쉽다. 그러나 그러지 않을 경우도 있지 않은가? 여러 해 동안 신실하게 노력하고 기도해도 열매의 증거를 전혀 보지 못하는 경우가 있지 않은가? 예레미야 이야기가 그렇다. 그것은 우리 이야기일 수도 있다.

예수님의 달란트 비유에서 주인은 두 종에게 "잘했다! 착하고 신실한 종아"라고 칭찬했다(마 25:21, 23, 새번역). 신실함은 단순히 우리의 존재에 대한 문제라기보다는 우리의 행위에 대한 문제다. 성공은 결과에 근거한다. 비유 속 두 종은 하나님이 맡기신 일에 신실했고(행위), 주인은 그들에게 더 많은 책임을 맡겼다(결과). 우리의 소명은 예수님 안에 뿌리내리고 그분을 바라보며 사는 것이며, 또한 다른 이들에게도 그런 삶을 당부하는 것이다. 각자에게 요구되는 결과는 하나님이 정하신다.

예수님의 열매 개념은 성공 위주의 문화가 기대하는 열매와는 현저히 다르다. 목회에서의 반문화적인 삶은 반드시 특정한 결과를 수반해야 하는 성공 개념을 거부할 것이다. 또는 그 삶의 기준은 첫째보다 말째가 되고, 이기기보다는 져주며, 성공하기보다는 실패하는 것이다.

야고보와 요한의 어머니가 두 아들을 위해 예수님께 특별히 부탁했다. 예수님 바로 곁 가장 좋은 자리를 부탁한 것이다. 그 염치없는 부탁을 들은 다른 열 제자는 화가 났다. 그때 예수님이 제자들에게 말씀하셨다.

> 이방인의 집권자들이 그들을 임의로 주관하고 그 고관들이 그들에게 권세를 부리는 줄을 너희가 알거니와 너희 중에는 그렇지 않아야 하나니 너희 중에 누구든지 크고자 하는 자는 너희를 섬기는 자가 되고 너희 중에 누구든지 으뜸이 되고자 하는 자는 너희의 종이 되어야 하리라 인자가 온 것은 섬김을 받으려 함이 아니라 도리어 섬기려 하고 자기 목숨을 많은 사람의 대속물로 주려 함이니라(마 20:25-28).

예수님은 오늘날 우리에게 "성공 위주의 목회 기준이 그들을 지배하겠지만 너희는 그렇지 않다"라고 말씀하실 것이다.

신실함의 표현

우리 행위의 신실함은 다양하게 표현된다. 당신이 아파서 병원 예약을 했다고 생각해 보자. 의사를 만나기 전에 간호사가 우리의 키, 몸무게, 체온, 혈압, 맥박을 점검한다. 상태의 심각성 여부에 따라 간호사는 혈액과 소변 샘플을 검사용으로 취할 수도 있다.

이 모든 결과가 당신의 의료 차트에 기재되고, 예전 기록과 비교된다. 여기 적힌 수치들은 건강 증진이나 악화의 표지일 수 있다. 그러나 간호사는 당신에게 "좋습니다. 모두 정상이에요. 의사를 만나지 않아도 되니 돌아가도 됩니다"라고 말하지 않는다. 건강 진단에서 수치는 중요하지만 이들이 유일한 도구는 아니다. 의사는 당신의 얼굴을 직접 보길 원한다.

의사는 진료실에 들어와 중요한 질문을 던질 것이다. "증상이 어떤가요?" 당신은 "지독한 감기에 걸렸어요. 떨어지지 않아요"라거나 "편두통이 심해요. 온종일 누워만 있고 싶어요"라고 대답할 수 있다. 의사는 당신의 가슴에 청진기를 대고 호흡 소리를 듣거나 목구멍을 들여다보거나 눈동자를 점검한다. 당신의 상태를 정확히 진단하기 위해 인체에 대한 지식과 당신의 진료 기록에 의존한다. 마침내 의사는 회복되기를 바라면서 처방전을 써준다.

의사는 수치, 이야기, 지식, 지혜, 경험, 의술 등 여러 가지 판단 자료에 의존한다. 그는 "이야기의 일치"를 모색한다. 의사가 아무리 유능해도 당신의 몸을 치유하는 데에는 궁극적으로 한계가 있다. 궁극적으로 몸의 치유는 하나님의 은혜와, 질병과 감염에 대항하는 인체의 신비에 달려 있다.

이 사실을 확인시켜주는 또 다른 직업들이 있다. 포도원 일꾼은 포도나무 가지치기 방법을 배우고, 정원사는 물을 얼마나 많이 줘야 하는지를 알며, 농부는 추수 때를 안다. 목회자도 지혜가 필요하다. 목회 방법과 리듬을 활용하되, 성장을 확실히 보장하는 것인 양 이들을 의존해서는 안 된다. 우리가 다루는 대상은 과학 프로젝트가 아니라 사람이다. 성령의 시간표대로 사람들의 삶 속에서 역사하시는 성령을 의지하는 것은, 신실한 삶을 살아가는 데 가장 어렵고 필수적인 단계 가운데 하나다. 성령님이 일하신다. 사람들의 삶은 성령의 밭이며, 우리는 그분의 일꾼으로 부름 받았다(마 25:14-30, 눅 10:1-12).

우리 회중 가운데서 행하시는 하나님의 일을 통해 신실함의 증거가 나타나는가? 교인들이 하나님의 개입으로 형성되고, 변화되고 있는가? 그들은 무슨 봉사를 하는가? 무엇을 배우는가? 다른 이들에게 축복이 되기 위해 교인들이 어떻게 변하고 있는가? 그들이 듣는 메시지는 무엇인가? 이 메시지에 그들은 어떤 반응을 보이는가? 남부 캘리포니아 주의 한 목사가 내게 솔직한 이메일을 보냈다. "교회는 크게 성장했지만, 우리 모습은 전혀 예수님 같지 않아요. 완전히 핵심을 놓쳤어요." 그와 그 교회 교인들은 예수님을 따른 것이 아니었다.

다른 사람들의 부정확한 평가에도 건강한 성공 개념을 지니는 것은, 목회자가 감당해야 하는 도전이다. 건강하지 않은 일 습관과 성공 기준에서 벗어난 사람은, 무엇이 중요하며 가치 있는 것인지를 다른 이들(때로는 우리를 이끄는 이들)에게도 가르쳐야 할 책임이 있다. 장로들이 모인 자리에서 목사가 겸손히 이렇게 말하려면 용기가 필요하다. "나는 여러분이 측정 가능한 결과를 원하시는 걸 알고 있으며, 그 기준대로라면 나는 실패한 것처럼 보인다는 것도 알고 있습니다. 그렇지만 올바로 평가하도록 돕는 것이 목회자로서 제게 맡겨진 임무입니다." 종종 이런 리더십이 혼란을 가중시키기도 하지만, 이것이 목회자의 역할이다. 혼란 가운데서도 참된 소명대로 신실하게 살아가는 것이다. 우리는 교인들이 하나님께 집중하며 바르게 반응하도록 도와야 한다.

실패의 역설

열매 맺는 목회의 방정식을 원하는 사람이 많다. 다행히 아무도 그 방정식을 찾지 못했다. 어떤 사람들은 그것을 제시하려 하지만(그리고 다른 사람들 눈에 "성공적인" 것처럼 보일 수도 있지만) 지속되지 않는다. 신실함이 필요하다. 목회 성공의 공식이라는 것에 귀가 솔깃해지겠지만, 그것이 존재하지 않는다는 사실은 은혜다. 공식이 목회자의 마음속에 우상으로 자리 잡기 쉽기 때문이다.

성경적으로 굳건한 실패 신학을 세우기 위해서는 역설을 언급해야 한다. 역설 없이는 실패를 적절히 이해할 수 없다. 예수님을 따른다는 것은 자신을 부인하며 자기 십자가를 지고 그분을 따르라는 말씀에 응답하는 것이다. 디트리히 본회퍼가 말했듯이 "그리스도께서 사람을 부르실 때에는, 그 사람더러 와서 죽으라고 명하신다."[13] 이는 가장 깊은 차원에서 실패로 초청하는 것이다. 이것은 너무 급진적인 것처럼 들린다. 어떤 이들은 이를 바보 같은 말로 여긴다. 우리가 예수님을 신실하게 따를 때에는 실패할 수밖에 없다. 그러나 실패는 좋은 것이다. 실패가 은사일 수 있다. 은혜일 수도 있다. 실패가 소망을 낳을 수 있다. 이는 모순이 아니다. 역설이다.

나아갈 길

성공으로 이끄는 확실한 방정식이란 없다. 그것은 그리스도보다 방법론을 더 의지하도록 유도할 수 있다. 성경적인 평가 기준은 더욱 성령을 의지할 것을 요구한다. 성령을 의지하는 것은 비록 희생이 따르지만 하나님의 큰 선물이다. 예수님이 인정하시는 목회 기준은 하나님나라에 뿌리를 둔 것이며, 하나님나라는 지역 교회보다 훨씬 광범위하다. 그 초점은 결과에 있지 않고 과정에 있다. 그 기준은 "우리가 도달했나요?"라고 묻지 않는다. "당신이 행한 것을 보여주세요"라고 말하지도 않는다. 대신 예수님께 나아가고 있는지 멀어지고 있는지를 고려한다.

우리의 삶과 목회는 효율성이 아닌 조화에 의해 평가될 것이다. 중요한 것은 생산성이나 경쟁력, 성장이 아니라 우리의 이야기와 하나님의 성품이 일치하는지, 그리스도를 닮는 일에 진전이 있는지다. 가치 있는 것은 우리의 양적 결과가 아니라 우리가 맺는 관계의 깊이다. 중요한 것은 수치를 통한 평가가 아니라 이야기 속에 담긴 증거다. 정산표가 아니라 우리가 섬기는 사람들에게서 들리는 소망과 구속의 이야기다. 나우웬은 이렇게 말한다. "중요한 것은 이런 질문이 아니다. '얼마나 많은 사람이 당신을 진지하게 받아들이는가? 당신은 얼마나 많은 성취를 이루고 있는가? 결과를 보여줄 수 있는가?' 우리에게는 이런 질문이 중요하다. '당신은 예수님을 사랑하고 있는가?'"[14]

목회,
성공은 없다

목회,
성공은 없다

2

실패가 무엇인지 다시 배우라

수치심 _ 영혼의 늪
외로움 _ 가면의 유혹
상처 _ 조각 난 꿈

04

수치심

영혼의 늪

나의 영혼도 매우 떨리나이다 여호와여 어느 때까지니이까.
_ 시편 6편 3절

당신이 인식하지 못하는 것은 고칠 수 없다.
_ 리처드 로어, 『물 밑에서 숨 쉬기』(한국기독교연구소)

취약성과 수치심의 힘

내가 줄곧 실패 신학을 연구하고 있을 때, 장인이 브레네 브라운의 연구 내용을 소개해 주었다. 휴스턴 대학 연구원이자 사회복지학 교수, 유능한 강연자로서, 브라운 박사는 인간관계에 큰 영향을 끼치는 두 가지 핵심 요소를 우연히 찾아냈다. 바로 취약성과 수치심이다. 이 탐구 영역들은 그의 인식을 근본적으로 변화시켰고 궁극적으로는 그의 삶을 변화시켰다.

그의 연구는 내가 말로 표현할 수 없었지만 줄곧 느끼며 생각해 오던 것의 골격을 제시해 주었다.[1] 2010년 6월, 휴스턴에서 500명의 청중이 들은 18분짜리 그의 강연이 입소문으로 퍼지면서 온라인의 클릭 수가 수백 만 회에 달했다. 브라운 박사의 영적 여정의 특성은 잘 몰랐지만, 그의 탐구가 목회 실패를 분석하는 데 큰 도움을 주었기 때문에 나는 그것을 많은 목회자에게 소개했다.[2]

인간의 상호작용과 인간관계에 대한 탐구 과정에서 브라운 박사가 그 탐구의 실마리로 우연히 발견하게 된 것이 바로 수치심이다. 그녀는 10년 넘게 수치심과, 수치심이 인간에게 끼치는 영향을 연구해 왔다. 수치심은 암암리에 퍼져나가는 큰 전염병이며, 여러 형태의 파괴적인 인간 행동의 이면에 있는 힘이다. 수치심은 단절에 대한 두려움으로 이렇게 묻는다. '다른 사람들이 알거나 볼 경우에 나와의 교제를 거부하게 만들 만한 것이 내게 있는가?'

수치심을 측정할 수는 없지만, 부인하지 못할 그 힘에 대해서는 분명히 안다. 수치심은 여러 형태(죄책감, 속임, 숨김, 굴욕감, 비난, 당황 등)로 드러나며, 완벽주의자들을 먹어치운다. 수치심이라는 상어는 물속에서 실패의 피 냄새를 맡고 희생물에게 헤엄쳐 가서 공격할 기회를 엿본다. 수치심은 우리 팔을 잡고서 어두컴컴한 도피처로 인도하길 좋아한다.

몇 달 전에 나는 가까운 친구에게 수치스런 이야기를 나눴다. 대화중에 나는 몇 분 동안 얼굴을 가렸는데, 그런 행동을 하고 있는 걸 나중에서야 알았다. 대화중에 드러난 일이 몹시 수치스러워서 쥐구멍에라도 숨고 싶었다. 수치심은 배척당함에 대한 두려움이다. 우리가 적극적으로 나서서 우리 이야기를 하면 수치심은 움츠러든다. 수치심은 비밀을 즐기기 때문이다.

수치심이 워낙 두루 퍼져 있어서 그 고통이 좀처럼 문제시되지 않을 수도 있다. 그 사이에 수치심은 곪아서 우리 영혼까지 감염시킨다.

전문 상담가들은 수치심을 영혼의 늪이라 부른다. 늪은 자주 마주치진 않지만 생활하기에 매우 위험하고 외로운 곳이다. 줄곧 수치심을 느끼며 사는 것은 이 땅에서 지옥을 경험하는 것이다. 장화가 얼마나 튼튼한지는 중요하지 않다. 늪지대를 걷는 것은 결코 즐겁지 않다. 또한 수치심은 일부 사람들에게만 국한된 것이 아니라 인간 상황에 보편적인 것이다.

수치심의 역설적인 특성은 누구도 그것에 대해 말하고 싶어하지 않는다는 것이다. 수치심에 대해 적게 말할수록 우리는 그것을 더 많이 느낀다. 역으로, 적절한 상황에서 수치심에 대해 많이 말할수록 우리는 수치심을 덜 느낀다. 수치심은 두 가지 테이프를 재생한다. "나는 적합하지 않아." "당신은 당신을 누구라고 생각하나요?" 수치심을 뒷받침하는 것은 취약성이다. 사람들과 교제하려면 우리는 자신을 드러내 보여야 한다. 브라운 박사는 수치심을 극복하는 사람과 그렇게 하지 못하는 사람으로 나눠지게 하는 한 가지 분명한 변수를 발견했다. 즉 수치심을 건강하게 처리하는 사람은 자신이 사랑받고 소속될 가치가 있다고 믿는다.

역설적이게도, 교제를 막는 것은 교제할 가치가 없는 사람이 될까 봐 두려워하는 마음이다. 자신의 가치를 깊이 확신하는 사람은(브라운 박사는 이를 "마음이 건강한 사람"이라 부른다) 굳건한 용기를 지니고 있다. 그들은 불완전해질 용기를 지녔다. 자신을 친절하게 대하며 다른 이들에게도 친절을 보일 수 있다. 예수님의 말씀을 빌면, 그들은 이웃을 자신처럼 사랑할 수 있다. 자신을 긍휼히 여기지 않는 사람은 다른 사람들을 긍휼히 여기지 못한다.

연구에 따르면, 마음이 건강한 사람은 약해질 용기를 지녔다. "용기"를 뜻하는 영어 courage는 "마음"을 뜻하는 라틴어 "쿠르"(*cur*)에서 유래했다. 용기 있는 사람은 건강한 마음으로 자신의 이야기를 터놓고 말할 수 있다. 이런 사람은 취약성을 불편하게 여기지만, 몹시 괴로워하진 않는다. 도리어 그것을 삶에 필요한 것이라 믿는다. 용기, 긍휼, 교제. 상처 입을 가능성이 있더라도 위험을 무릅쓰고 기꺼이 나아간다.

성경에 나오는 수치심과 영광

수치심과 영광은 성경 전반에 걸쳐 나타나는 주제다. 예수님은 한 혼인 잔치에서의 영광과 수치를 말씀하신다(누가복음 14장 7-11절을 보라). 성경에서 영광-수치 주제가 가장 두드러지게 나타나는 책이 시편이다. 오늘날의 상황에서는 영광과 수치보다는 옳음과 그름을 더 많이 생각한다. 공동체적인 문화에서는 사실보다 관계를 강조하므로 영광-수치의 관점을 중시하는 반면, 개인주의적인 문화에서는 무죄-유죄의 관점을 중시한다.[3] 비록 우리가 무죄-유죄의 관점을 중시하는 문화에서 살고 있지만, 목회는 영광과 수치를 다루는 관계 중심적 소명이다. 그것을 다루되 어떻게, 얼마나 많이, 그리고 누구에 대해 다루느냐가 중요하다. 이 일은 선용될 수도 있고 악용될 수도 있기 때문이다.

실패할 때, 수치심을 전혀 느끼지 않을 수는 없다(적어도 변형된 형태라도 수치심을 느끼기 마련이다). 수치심을 느낀다는 사실은 우리가 사람임을 나타내는 증거다. 수치심은 원래 부정적인 것이 아니다(수치심을 느끼는 건 부정적인 일이지만). 수치심 개념이 없다면 우리는 아예 수치심을 느낄 줄도 모를 것이다.[4] "넌 수치심도 없니?"라는 수사학적 표현은, 적절히 이해되면 수치심이 우리의 도덕적 사고에 도움이 될 수 있음을 시사한다. 문화마다 수치를 다르게 규정하며, 그 규정은 건전할 수도 있고 불건전할 수도 있다.

"수치 당하다"라는 뜻인 태국어의 문자적 의미는 "친구들과 공동체 앞에서 추하게 보이기 위해 자신의 얼굴을 드러내다"이다. 짐바브웨의 쇼마 사람들에게 수치란 "내 이름을 네 발로 짓밟는(또는 지우는) 것"을 뜻한다.[5] 때로 실패와 상심은 매우 고통스럽게 느껴질 수 있다(교회에서는 특히 그렇다). 어떤 이들은 사랑과 존중보다 수치심이 주요 정서인 가정에서 자란다. 수치심은 다른 사람들을 통제하는 강력한 도구일 수 있다.

나는 수치스러운 경험을 한 후에 취할 수 있는 가장 위험한 행동이 내 이야기를 숨기는 것임을 서서히 알아가고 있다. 수치심을 느낄 때면 어김없이 실패의 감정이 생겨나 우리를 어두운 곳으로 이끈다. 수치심을 경험할 때면, 나 자신에게 문제가 있다는 생각이 든다. 목회자로서 자신의 수치를 적극적으로 처리하지 않으면, 우리는 "다른 이들에 대한 통제"라는 위장된 형태로 그것을 사용하려는 유혹에 쉽게 빠져들 수 있다. 목회자는 숙련된 수치심 조작자일 수 있다. 애석하게도, 우리는 자신의 수치 경험을 피하기 위해 다른 이들에게 암시적으로나 노골적으로 수치심을 가할 수 있다. 수치심을 조작하는 것은 더 이상 그것을 느끼지 않도록 자신을 방어하려는 시도일 뿐이다.

취약성 드러내기

"취약성"을 뜻하는 영어 vulnerability는 "상처를 입히다"라는 뜻의 라틴어 "불네라레"(*vulnerare*)에서 유래했다. 문자적으로 이 단어는 "상처 입을 수 있음", "공격이나 손상에 노출됨"을 뜻한다.[6] 자발적으로 취약성을 드러내는 것은 인간이 행할 수 있는 용기 있는 행동 가운데 하나다. 취약성을 포용할 때, 우리는 성숙으로 향하는 길 위에 서 있는 것이다. 취약성은 나약함이 아니다. 우리는 취약성을 피할 수 없다. 우리의 유일한 선택은 취약성에 어떻게 대처하느냐다.[7]

종종 취약성과 수치심은 모두가 옷 입은 방 안에서 혼자 벌거벗은 것 같은 느낌일 수 있다. 취약성은 수치심과 두려움, 가치 있게 보이려는 발버둥의 핵심이지만, 기쁨과 창의성, 소속감과 사랑의 발생지이기도 하다.[8] 취약하다고 느낄 때, 우리는 여러 방식으로 반응한다. 첫째, 그 느낌을 마비시킨다. 브라운 박사가 연구를 통해 발견한 바에 따르면, 우리는 어떤 감정을 선택적으로 마비시킬 수 없다. 다른 모든 감정을 그대로 둔 채 좋지 않은 감정들만 마비시키지는 못한다. 나쁜 감정을 마비시킬 때 우리는 기쁨, 감사, 행복도 마비시키며, 목적과 의미를 계속 추구하지만 결국 비참해진다.[9] 목회자들은 고통이나 수치심을 경험할 때, 마음의 잡동사니 서랍을 열어 그것을 치워버리고 싶을 수 있다. 고통을 처리하길 거부할 때, 우리는 사실상 다른 모든 것을 마비시킨다. 자신의 영혼이 마비 상태임을 토로하는 목회자가 많다는 것은 놀라운 일이 아니다.

노먼 목사는 극심한 포르노 중독에 빠진 이야기를 내게 들려주었다. 그는 교인들이 기대하는 삶의 기준대로 살지 못하는 데 줄곧 수치심을 느꼈다. 늦은 밤이면 컴퓨터를 켜고 포르노에 몰두했다. 그 때문에 엄청난 수치심을 느꼈다. 그런데 이 수치심이 포르노 중독을 가중시켰다. 포르노가 그의 감정을 마비시키는 데 도움이 되었기 때문이다. 포르노는 더 큰 수치심으로, 마비되고 싶은 마음으로, 그리고 다시 포르노로 되돌아가게 했다. 악순환이었다. 그는 자신의 중독이 섹스보다는, 고통에서 도망쳐 자신의 수치심을 마비시키려는 심리와 더 큰 관계가 있다고 말했다.

수치심은 강력하고 때로는 불가피하다. 우리는 수치심 때문에 다른 이들에게 비난을 돌리거나 그들의 마음에 깊은 상처를 낼 수 있다. 우리가 자신의 상처를 무시하고 다른 이들에게 아무런 영향도 끼치지 않는 척할 때, 고통스런 과정은 지속되고 주변 사람들에게 전달된다. 우리는 솔직히 자백하며 화해의 길로 나아가야 한다. 자백과 회개가 하나님이나 다른 이들과 더 친밀한 관계에 이르는 핵심 방안임을 깨닫는 사람과 공동체가 가장 건강하다.

자신을 노출시키다

그러면 취약성과 수치심을 발견할 때 어떻게 반응하는 것이 적절할까? 첫째, 앞에서 말했듯이 우리는 자신을 드러내야 하며, 상처받지 않거나 더 큰 실패를 경험하지 않는다는 보장이 없을지라도 온 마음으로 다른 이들을 사랑해야 한다. 목회를 하다 보면 취약성과 수치심의 공격에 자주 노출된다. 우리의 마음 깊은 곳에서는 다음에는 상처받지 않을 거라고 확신하고 싶지만 아무런 보장이 없다. 단지 우리는 성령의 인도하심을 깊이 신뢰해야 하며, 그리스도의 분명한 본보기를 숙고해야 한다. 그분은 사랑하는 것이, 상처를 받으면서도 계속 사랑하는 것이 어떤 것인지를 보여주셨다.

둘째, 우리는 감사하며 기뻐해야 한다. 불확실성과 불안과 스트레스가 있을 때 특히 그래야 한다. 상황이 불확실하고 스트레스를 받을 때 내가 가장 하기 싫은 것이 감사다. 그러나 성경은 그렇게 하는 것이 가능하다는 것을 보여준다.

공감은 수치심의 해독제다. 수치심을 급증시키는 세 가지가 있다. 바로 침묵, 비밀, 비판이다. 그러나 공감이 있으면 수치심은 자라지 못한다. 우리가 발버둥질할 때 다른 이들에게 들을 수 있는 가장 강력한 두 마디가 있다. "나도 그래." 예수님의 복음이 그토록 강력한 것은, 세상에서 가장 겸손하며 상처 입기 쉬운 선물이기 때문이다. 예수님은 세상에서 거부당하고 엄청난 실패자로 보일 것을 잘 알면서 이 땅에 오셨다. 그분은 사람들에게 수치를 당하셨고, 아버지와 단절되는 고독을 겪으셨다. 이 모든 일을 미리 알면서도 당하셨다. 그분은 "나도 그렇단다"라고 말씀하셨다.

우리는 우리가 완벽할 때에만 다른 이들을 인도할 수 있다고 믿기 쉽다. 이 생각이 유혹적이긴 하지만, 우리는 결코 완벽해지지 않는다. 완벽에 도달할 수 있다 하더라도, 세상이 우리에게서 보고 싶어하는 건 완벽이 아니다. 세상 사람들은 발버둥질, 솔직함, 취약성을 보길 원한다. 우리는 전심으로 취약성에 솔직해져서 이 일에 모범을 보이신 분을 향한 믿음을 깊게 하며 용기를 발휘해야 한다. 우리의 상심과 진실성이 하나님을 영화롭게 하고 사람들을 고무시키기 때문이다.

취약성을 용인하지 않는 문화가 있다. 이러한 문제의 중심에는 취약성을 용인하지 못하는 심리가 자리 잡고 있다. 이 때문에 많은 사람이 그다지 좋지 못한 방식으로 반응한다. 첫째, 교묘한 단절이다(자신의 취약성을 감추는 것이다_옮긴이). 가벼운 열병처럼 이것이 우리를 죽이진 않겠지만, 결국 우리는 비참해지고 자신의 본 모습을 잃을 것이다. 둘째, 완벽 추구다. 완벽주의의 핵심은 보호주의다. 더 이상의 고통에서 자신을 보호하기 위해 사용하는 도구다. 또한 그것은 다른 이들을 통제하려는 시도다. 우상숭배의 한 형태다. 나는 이것을 경험해 봤기 때문에 알고 있다.

우리 속에서 이처럼 취약성을 용인하지 못하게 하는 것은 무엇인가? 결핍이다. "우리는 충분히 ……하지 못하다"라고 하는 끝없는 기대감이다.[10] 이런 결핍을 드러내는 가장 강력한 진술은 "우리는 충분히 비범하지 못하다"이다. 우리는 이 거짓말에 온통 사로잡혀 있다. 평범한 삶이 무의미한 삶과 동의어가 되었다. 비범한 것을 추구하느라 진정으로 중요한 것을 놓친다. 어떤 상황에서나 은혜를 의지해야 하지만, 때로 우리는 은혜를 거부한다.

비범해지면, 주목받고 매력적이고 추종을 받으며 힘을 소유하게 된다고 자신에게 말한다. 이 같은 심리는 숨겨질 수 있기 때문에, 자신의 영광을 추구하는 모습을 알아차리는 사람이 거의 없다. 우리는 문화적인 규범을 넘어설 뿐 아니라 종의 모범을 보이도록 부르심 받았다. 세상은 허리에 두른 종의 수건을 소중히 여기지 않지만, 이것이 우리의 소명이다. 물론, 평범함은 무의미함을 뜻하지 않는다.

지속적인 분주함

우리 삶을 마비시키는 방법은 여러 가지다. 목회자들이 사용하는, 가장 인정받되 위험하고 치명적일 수 있는 마비 방편은 분주함이다. 우리는 밤을 새워가면서 일한다. 충분히 열심히, 그리고 더 효율적으로 일하면 언젠가는 만족스러운 수준의 인정을 받을 거라고 믿는다.

이러한 열심에는 두려움도 많이 작용한다. (의식적이든 무의식적이든) 우리는 귀 기울이기에 충분할 정도로 느슨하고 조용한 시간을 허용하지 않으려고 분주해지는 경우가 많다. 사람들의 호응에 민감한 완벽주의자일수록 특히 이런 유혹에 빠지기 쉽다. 많은 목회자가 침묵을 두려워한다. 이 두려움은 심각해질 수 있으며, 끊임없는 소음으로 둘러싸인 환경에서는 특히 그렇다. 이것은 우리 자신이 노출되는 것에 대한 두려움이다.

종종 우리는 주체할 수 없을 정도의 분주함 속으로 자신을 몰아넣는다. 집중을 피하기 위해 일부러 산만하게 만든다. 자신을 곰곰이 돌아볼 수 있게 하는 침묵 시간을 싫어하는 목회자가 많다. 그들은 듣고 싶지 않은 것을 듣지 않으려고 일부러 자신을 분주해지게 한다.

침묵과 고독은 은혜로운 선물이다. 그러나 어떤 사람들에게 이 침묵과 고독은 자신의 깊은 감정 상태와 진정한 동기를 들추어내는 것일 수 있다. 자칫 우리는 선한 목자의 초청을 놓칠 수 있다. 목자의 음성에 주의를 기울이고 그 은혜의 초청에 유의하면, 우리는 약속된 것(안식)을 발견할 수 있다. 주님의 은혜는 어떤 취약성도 전부 덮을 수 있다.

주님은 거부당하시고, 매 맞고, 침 뱉음과 굴욕을 당하고, 조롱과 오해를 받고, 채찍에 맞고, 가장 가까운 사람들에게 버림받고, 악행자로 징벌당하고, 벌거벗긴 채로 잔혹하게 십자가에 못 박히고, 죽임을 당하셨다. 한순간에 그 모든 상황을 철회하고 뒤엎을 능력을 지니셨지만, 예수님은 그 상황을 담담히 받아들이셨다. 그분의 우주적 구속 방식은 통제가 아니라 취약성이었다. 성육신이 취약성의 특징을 드러내 보이는 겸손하고 용기 있는 사랑에 근거했음을 깨달을 때, 우리는 하나님이 당신의 피조물과 교제할 때 무엇을 염두에 두셨는지를 알기 시작한다.

긍휼의 마음으로 사람들에게 "나도 그렇단다"라고 말씀하시는 예수님이 곧 복음이다.

05

외로움

가면의 유혹

> 모두 주를 버릴지라도 나는 결코 버리지 않겠나이다.
> _ 베드로, 마태복음 26장 33절

> 우리가 취약성을 드러내는 위험을 무릅쓰길 거부한다면 이미 절반은 죽은 것이다.
> _ 매들렌 렝글, 『돌베개』(A Stone for a Pillow)

외로운 목사들

목회자는 교회에서 가장 외로운 사람일 수 있다. 우리는 관계의 그물에 얽혀 있다. 우리는 사람들을 안다. 그들은 우리를 만나서 자신의 짐을 나누길 원한다. 그러나 소외감을 느끼는 목사가 많다. '나의 진짜 친구는 누구인가?' 하고 생각한다. '좋을 때나 궂을 때나 목회자인 나와 함께할 사람은 누구일까?'

한 목사는 자신이 사교적인 사람이지만 파티나 사회 활동을 하는 데 어려움을 느낀다고 말했다. 그는 다른 사람들과 함께 어울리며 즐기고 싶지만, 사람들은 늘 교회 문제에 대한 대화나 상담 쪽으로 말머리를 돌린다. 어떤 이들은 목회자가 있기 때문에 다들 예의 바르게 행동해야 한다는 식의 농담을 하기도 한다. 체념하는 표정으로 그가 내게 물었다. "나의 참 모습을 어디서 찾을 수 있을까요? 사람들이 있는 그대로의 내 모습을 진정 원할까요? 아니면 그들은 늘 목사인 나를 원하는 걸까요? 내가 나 자신일 수 있는 곳은 어디일까요?"

은혜를 기초로 한 교회가 은혜 없는 곳이 될 수 있다. 때로는 교인들이 다른 사람들의 상처를 건드리는 데 익숙한 것 같다. 많은 목회자가 교인에게 솔직해지기를 두려워한다.

때로는 신뢰가 고통스럽게 압박하는 짐으로 느껴진다. 하나님이 우리에게 맡기신 사람들이 때로는 무거운 짐처럼 느껴질 수 있다. 겸손한 척하면서도 자기 잘못을 결코 인정하지 않는 몇몇 장로들, 확실한 논리적 근거를 갖춘 피드백이 제시되어도 방어적으로만 반응하는 찬양 담당 목사, 주일 아침에 감동적인 설교를 하지만 주일 밤에는 포르노 중독으로 발버둥치는 교육 목사, 자신의 생각에 반대하는 사람이면 누구든 무시하려 들며 언제나 통제자의 위치에 서 있길 원하는 주일학교 교사, 담임 목사의 설교를 끊임없이 비판하는 어린이 사역 담당자, 하나님이 맡기신 사명보다 위안 받는 일에 더 많은 관심을 보이는 완고한 교인들……. 또한 영적 양육에 대한 회중의 기대가 지나치게 높을 때 목사들은 영적으로 피곤해진다.

어쩌면 우리는 폭군의 창이나 군대의 대적에 직면한 다윗과 같은 심경일 수도 있다. 내면세계와 외부 현실의 괴리 때문에 종종 목회자들은 지치며 정서적 마비를 느낀다. 마치 섬에 고립된 것처럼 느끼기 쉽다. 한 목사는 자신이 마치 해골 무더기 같은 느낌이며 대화 상대가 전혀 없다고 했다.

댄 알렌더는 우리가 지도자 역할을 맡을 때 어느 시점에서 가룟 유다와 베드로 같은 사람들을 한 번 이상 만나게 된다고 말한다. 가룟 유다들은 의도적으로 또 경멸적으로 우리를 배신한다. 베드로들은 우리를 거부할 수 없다고 생각하면서도 결국 거부한다. 배신과 거부는 인간 경험의 일부다. 언제 누구에게 당하느냐의 문제일 뿐이다. 댄 알렌더는 이렇게 말한다.

> 우리는 함께 일하는 사람을 보면서 '내가 한 말을 등유에 적셔서 내 명성을 불살라버릴 사람이 누굴까?'라고 생각한다.[1]

우리가 가장 연약한 순간, 머릿속에 들어 있는 실패 테이프가 반복적으로 돌아간다. 화를 내며 권력을 휘두르는 장로의 목소리와 불만에 찬 배우자의 몸짓이 떠오른다. 근심어린 재정담당자의 찡그린 이마와 아직도 이메일함에 들어 있는 신랄한 이메일을 어떻게 잊을 수 있을까? 사람들의 신랄한 비판이 이 테이프를 통해 상세히 재생된다.

배신과 거부처럼, 외로움은 인간 경험의 보편적인 부분이다. 그러나 그것은 목회자의 삶에서 훨씬 심한 것 같다. 영향력과 권위를 행사하는 위치에 있다는 이점에도, 때로 우리는 남몰래 보통의 삶을 바란다. 리더십은 오랜 기간의 고뇌에 찬 외로움을 수반할 수 있다.

목회를 외롭게 만드는 요인들

외로움으로 이끄는 몇 가지 요인이 있다.

첫째, 목사에 대한 높은 기대는 견딜 수 없을 정도의 압박을 느끼게 한다. 그런 기대감이 항상 겉으로 표현되는 건 아니지만 엄연히 존재한다. 이번 주의 설교와 찬양, 예배, 상담, 주일학교 수업, 성경공부는 지난주보다 더 나아야 한다. 이런 기대는 많은 교회에 스며든 성공 문화에 따른 결과다. 지난주보다 나아지려는 노력은 목회에 대한 기대라는 쳇바퀴 위에서 끝없이 진행되는 소모적인 마라톤이다. 많은 활동을 하는 것처럼 보이지만 실제적인 진전은 없다. 기진맥진할 뿐이다.

종종 목회자들은 이런 생각에 사로잡힌다. '이 상황에서 어떻게 해야 할지 모르겠어. 이 사람을 어떻게 도와야 하지? 이 곤란한 상황을 처리할 수 있는 훈련은 신학교에서 받은 적이 없는데……. 내가 교인들에게 도움이 될 거라는 확신도 없이 발버둥만 치고 있다는 것이 그들에게 알려지면 어떡하지?' 목사들은 교인들의 마음이 가라앉고 불평이 누그러지길 바라면서 두려움 가운데 살아간다.

이런 마음상태를 지닌 목사들은 다음과 같은 그릇된 생각에 빠져들기 쉽다.

- 내가 좀 더 열심히 기도한다면……
- 내가 설교를 좀 더 길게 준비한다면……
- 내가 좀 더 열정적으로 설교한다면……

- 내가 좀 더 많은 지혜로 상담에 임한다면……
- 내가 전화나 이메일에 좀 더 빨리 답한다면……
- 내가 매일 한 사람만 더 만난다면……
- 내가 ……한다면……

그러면 우리 교회가 이토록 많은 문제에 직면하지 않고, 하나님이 나를 좀 더 많이 사랑해 주실 텐데.

이것을 노골적으로 시인하진 않지만, 이처럼 조건적인 목회 태도가 마음속 깊이 자리 잡고 있음을 자각하는 사람이 많다. 우리 삶은 종종 복음의 핵심 메시지를 저버린다. 우리는 은혜를 설교하면서도 율법주의적 종교심에 따라 자신을 압박하고 외로움을 가중시킬 수 있다.

둘째, 자백을 두려워할 때 우리의 외로움은 깊어진다. 자신이 섬기고 인도하는 이들에게 자신의 실제 모습을 드러내는 걸 몹시 염려하는 목회자가 많다. 나우웬은 교회에서 자백을 가장 적게 하는 사람이 목사라고 말한다. 자백하지 못하게 하는 것은 교만이나 두려움(또는 둘 다)일 수 있으며, 이들은 우리를 숨게 만든다.

브라이언은 여러 달에 걸쳐 자신을 탐구한 후에 개인적인 상처를 회중에게 용기 있게 고백했다. 그는 해방감을 느꼈으며, 상처에 대처하는 본보기를 보여주었다고 생각했다. 그런데 그 뒤 며칠 동안 교인들은 목사가 그처럼 공개적으로 고백한 것에 실망을 표현하며 불평했다. 어떤 교인의 지적이 그를 괴롭혔다. "목사님도 우리처럼 삶의 여러 문제로 고통당하신다는 걸 알아요. 그렇지만 목사님이잖아요. 우리는 목사님이 그 모든 문제를 혼자 감당할 수 있다고 믿고 싶어요." 결국 브라이언은 다시는 개인적인 문제를 나누지 않겠다고 굳게 다짐했다.

셋째, 때로는 가장 친한 친구와 가족의 말이 가장 큰 상처를 준다. 실패를 겪을 때 우리는 우리를 가장 잘 알며 가장 사랑하는 이들에게 도움을 받길 원한다. 그러나 욥처럼, 때로는 친구들이 실패의 고통을 가중시킨다. 욥의 친구들은 욥을 돕고 있다고 생각했지만, 상처를 더 악화시킬 뿐이었다. 우리는 자신이 처한 힘든 상황을 믿을 만한 친구들과 함께 헤쳐 나가길 원한다. 그러나 때로 그들은 부정확한 신학이나 근시안적인 시각, 진부한 반응, 현문우답으로 우리의 고통을 가중시킬 수 있다.

90퍼센트 진리?

이 모든 요인은 우리로 사탄의 가장 중요한 도구 가운데 하나에 넘어가기 쉽게 만든다. 바로 "10퍼센트 더해지거나 감해진 진리"라는 도구다. 쉽게 간파될 수 있는 거짓말에는 우리가 넘어가지 않음을 사탄은 알고 있다. 목회자로서 우리는 많은 경험과 교육을 거쳤다. 목회자의 마음과 생각을 탈선시키는 데 가장 효과적인 도구는 한쪽으로 살짝 치우친 진리다. 이것은 "거의" 진리일 뿐이지, 진리가 아니다.

이와 같은 90퍼센트 진리는 우리가 숨기에 충분하다. 많은 목회자가 쉽게 받아들이는 두 가지 90퍼센트 진리는 다음과 같다. "다른 누구도 내가 느끼는 것을 느끼고 있지 않다", "내가 더 좋은 목사라면 사랑받을 가치가 있을 것이다." 이 90퍼센트 진리들을 믿을 때, 우리는 이중적인 삶의 유혹을 받는다. 우리는 하나님의 무조건적인 사랑을 설교하지만 조건적인 종교 심리에 따라 살아간다. 90퍼센트 진리를 믿을 때 뒤따르는 자연적인 결과는 가면을 쓰는 것이다.

우리가 쓰는 가면들

두려움은 가면을 만들어 쓰도록 우리를 재촉한다. 가면은 상처 입지 않은 것처럼 믿기 위한 감정적 갑옷일 뿐이다. 우리는 장차 고통에 노출되지 않도록 자신을 지키려는 마음에서 창의적이며 때로는 교묘한 방식으로 자신의 행동을 조정한다. 고통이 깊을수록 가면 만드는 능력도 더 창의적일 수 있다.

"루스 그레이엄 사역"의 설립자이자 빌리와 루스 그레이엄의 딸이며 『모든 신도석에는 상한 심령을 지닌 사람이 앉아 있다』(In Every Pew Sits a Broken Heart)의 저자인 루스 그레이엄은 상처 입은 목회자와 지도자들을 위로하며 격려하는 열정을 지녔다. 그는 많은 목회자가 능숙한 이미지 관리자라고 내게 말했다. 우리는 자신을 다른 이들에게 좋게 보여서 예수님을 좋게 보이게 하길 원한다. 대변자 역할을 잘하길 원하는 것이다. 그러나 우리가 가면 사역에 치중하면 삶의 참된 변화는 결코 경험하지 못한다. 우리의 이미지를 지키기 위해서가 아니라 하나님의 형상을 보존하기 위해 부르심 받은 사람들 속에 기만성을 강화할 뿐이다.[2] 가면 만들기와 가면 쓰기는 기만과 관계 조작의 유형들이다. 즉 자신을 나름대로 방어하기 위한 도구다. 통제를 위한 것이다.

여러 가면을 파악하기 위해 수십 명의 목회자에게 어떤 가면을 쓰고 있는지 물어보았다.

"나는 강한 사람이다"라는 가면_ "나는 회중이 원하는 슈퍼 목사가 되기 위해 필요한 것을 가지고 있다." 이런 생각은 깊은 두려움과 교만을 조성한다. 회중이 목사를 더 많이 의존하도록 부추긴다. 그래서 목사가 회중의 영적 세계 중심에 서서 그들을 도와주는 구주가 된다.

"나는 신학 교육을 받았다"라는 가면_ "신학교 훈련을 받고 성경 용어에 정통하므로 나는 어떤 상황에든 대처할 준비가 되어 있다." 신학 지식으로 무장되어 있으므로, 우리는 교리나 신학에 대한 논쟁에서 이길 수 있다. 사람들은 우리와 논쟁하기를 겁낸다(그리고 우리는 그것을 즐긴다). 그러나 지식은 이기심과 교만을 조장한다(고전 8:1). 하나님은 우리가 전혀 실천할 생각도 없는 신학적 진리를 계속 쌓아가기만 하는 데에는 관심이 없으시다.[3] 우리는 자신이 모든 답변을 제시할 수 있는 사람으로 여겨지는 것을 허용하지 말아야 한다.

"나는 영적으로 성숙하다"라는 가면_ "예수님이 내 편이시기 때문에 나는 어떤 상황도 처리할 수 있다." 이런 생각은 큰 압박을 일으킬 수 있다. 이 가면을 쓴 사람은 완벽해지고 줄곧 더 열심히 하려는, 끝없는 종교적 올무에 매인다.

"나는 상처 입지 않았다"라는 가면_ "하나님의 은혜면 충분하니까 나는 괜찮아." 우리는 교회에서 자주 "괜찮아요"라고 말하지만 그 말에는 진실성이 결여된 경우가 많다. 주일 아침에 많은 교인이 "어떻게 지내세요?"라는 물음에 "좋아요"라고 답하는 인사말을 주고받는다. 실제로는 좋지 않지만 그렇게 대답하는 경우도 더러 있다. 상대방이 좋지 않은 상황을 알아도 그냥 대충 넘어간다. 종종 우리는 상투적으로 사용하는 말로 자신의 상처와 고통을 위장한다. 이런 말은 근거 없을 뿐만 아니라 기만적이다. 무엇보다 위험한 것은, 마침내 어느 날 우리가 실제로 "괜찮은 것처럼" 생각하게 될 수 있다는 사실이다.

"내가 얼마나 많이 참고 있는지 아는가?"라는 가면_ "이번 주에 엉망인 사람들과 심각한 문제들을 너무 많이 상대했어. 이제 좀 쉬어야겠어." 이런 생각은 죄에 대한 합리화와 교만의 분위기를 내포하며 도피주의와 파괴적인 중독으로 이끌 수 있다.

"난 다른 사람들과 같을 뿐이다"라는 가면_ "나는 목회자이지만 나 역시 보통 사람일 뿐이다." 목사가 되면 외로운 영역에 들어선다. 때로 우리는 다른 사람처럼 어울리고 싶은 유혹을 받는다. 사람들에게 자신이 접촉하기 힘든 이상한 사람이 아님을 보여주기 위해 도에 지나친 행동을 할 수도 있다. 이는 사람들을 기쁘게 하고 자기 영광을 추구하는 또 다른 우상숭배의 표현이다.

"나는 몹시 바쁘다"라는 가면_ "정말 그러고 싶지만, 지금 해야 할 일이 너무 많아." 분주함은 관계적, 정서적 거리를 유지하기 위해 목회자가 사용하는 가장 효과적인 도구다. 우리는 외로움을 느끼지만, 일정을 내세워 특정인들의 접근을 막기도 한다. 분주함을 핑계로 우리는 불편하지만 의미심장한 질문들을 기피한다. 우리는 예수님의 이름으로 부지런히 무엇인가를 행하기 때문에, 아무도 의문을 제기하지 않는다. 분주함은 상처를 얼버무린다.

우리는 분주하면 자신의 진정한 모습이 감춰질 거라는(자신의 생각과 마음과 영혼이 제압될 거라는[4]) 거짓말을 믿는다. 수면 아래에 있는 것이 떠오르지 않도록 끊임없이 소음과 자극으로 자신의 주변을 두르고, 일정을 가득 채운다. 회중에게 이런 행동을 본보이면, 그들도 이를 받아들여 비슷하게 행동하기 시작한다. 우리가 분주하지 않으면 사람들이 우리를 어떻게 생각할까?

"내가 씨름하고 있는 죄는 그리 심각하지 않아"라는 가면_ "나는 죄인이지만, 그리 흉하지 않은 죄와 씨름하고 있을 뿐이야."[5] 우리는 사람들이 우리의 깨어짐과 죄성이 어둡긴 하지만 통제되고 있다고 생각해 주길 원한다. 자신이 죄와 더불어 싸우지만 그 죄가 심각하진 않음을 사람들이 알기를 원한다. 단지 사소하며 그리 흉하지 않은 죄와 씨름할 뿐이라는 가면을 쓸 때, 우리는 주변 사람들에게 미지근한 복음을 전하게 된다.

"나는 정말 취약한 사람이야"라는 가면_ "나는 완벽하지 못한 내 삶의 일부를 기꺼이 드러낼 것이다." 이것은 가장 간파하기 힘든 가면이다. 따라서 가장 위험한 가면일 것이다. 우리는 이 가면을 쓰고 취약성을 이용해 자신이 실제로 하고 있는 것을 가려버린다. 실제로는 취약성을 드러내지 않으면서 취약성에 대해 이야기하는 것이다. 자신의 유익을 위해 취약성을 통제하며 이용한다. 눈앞에 닥친 과제에서 벗어나 눈치 채기 힘든 방식으로 개인적인 관심사에 몰두할 기회를 얻는다.

우리가 다른 이들에게 속내를 드러내면, 그들은 우리의 솔직함과 용기를 존경한다. 그러나 우리는 여전히 가장 어두운 영역을 숨기고 있다. 자신의 망가진 부분을 드러내되, 다른 사람들의 존경과 인정을 받기에 충분할 정도로만 그렇게 한다. 충분히 드러내면 존경받을 수 있다. 그러나 너무 많이 드러내면 무시당한다. 취약성을 이용하는 것은 숙련되고 자기중심적이며 치밀하게 계획된 위선이다.

목회자들이 유혹을 느끼는 다른 가면들도 있다.[6] 우리는 생계가 위협받을 때 가장 자주 그리고 가장 쉽게 가면을 쓴다. 가면은 눈에 보이지 않는 정서적 외투다. 취약성에서 자신을 방어하고 자신의 고통을 마비시키며 자신에게 가장 필요한 것, 즉 은혜을 차단시키는 목회적 대응기제이자 정서적 버팀목이다. 이 가면이 벗겨지려면, 우리는 복음을 입어야 한다.

외로움과 중독

표현은 달라도 경로는 비슷하다. 두려움이 가면을 쓰게 한다. 가면을 쓰면 외로움과 고립을 느낀다. 그리고 종종 고립은 중독을 유발한다. 펜실베이니아 주 필라델피아에 위치한 뉴라이프 교회 목사 존 줄리엔은 자신의 알코올 중독을 더 이상 가면으로 가릴 수 없게 되면서 들통이 났다. 협조적인 아내와 가족, 관대한 장로들, 참을성 있는 회중, 그리고 회개하는 마음으로 겸손히 복음에 의지하는 그의 태도 덕분에 이제 그는 자신이 경험한 은혜를 공공연히 나눌 수 있게 되었다.

존은 "나의 실패 이야기를 나눌 때마다, 수치심의 종기가 하나씩 제거되었어요"라고 내게 말했다. 그 과정에서 그는 더 깊은 차원의 자기 발견에 이르렀고, 자신의 삶과 사역 속에 자리 잡은 우상들을 깨닫게 되었다. 목사가 든든한 목회 받침대 위에 서 있기를 원하는 회중이 많다는 것을 존도 인정했다. 다른 이들을 통해 실패가 노출되는 것뿐만 아니라 지속적인 진실한 회개를 통해 앞서 인도하는 것이 우리가 그 받침대에서 내려올 수 있는 유일한 길이다.

우리는 스스로 중독에서 벗어날 수 있다고 생각하기 쉽다. 이것은 최악의 자기기만이다. 중독은 강력하고 유혹적이며 파괴적이다. 중독은 우리 자신에 대한 고통스런 진실을 다루지 못하게 하려는 필사적인 시도다. 우리는 모두 무언가에 중독되어 있다. 그러나 그것은 사회적 용인 수준에 따라 다양하다.

- 포르노냐 발전이냐
- 알코올이냐 박수갈채냐
- 섹스냐 성공이냐
- 진통제냐 이메일이냐
- 폭식이냐 교회에서의 늦은 저녁이냐

팀 켈러가 여러 차례 말했듯이, "당신은 진실을 알면 너무 고통스럽기 때문에 그것을 모른 척한다는 사실을 알고 있다."[7] 우리가 중독 사실을 인정하지 않으려 하는 이유는, 그 고통이 참기 어려울 정도라는 것을 마음속 깊이 확신하고 있기 때문이다.

중독의 중심에는 자기기만이 있다. 우리는 모두 고통스런 진실을 숨기는 능력이 탁월하다. 자신에 대해서는 특히 그렇다. 우리는 목회 합리화의 뒤편에 쉽게 숨을 수 있다. 먼저 자신에게 거짓말하기 전에는 다른 사람에게 거짓말하지 못한다. 우리는 사람들에게 진실을 설교하며 말하지만, 능숙하게 숨길 수도 있다.

우리는 자신의 마음을 사로잡고 있는 동기를 다루기보다는 자신의 명성과 이미지를 보존하는 일에 더 치중하고 싶은 유혹을 쉽게 받는다. 덮개로 자신을 가리면 결국 그 덮개에 걸려 넘어진다. 가면을 쓰게 만드는 것은 두려움, 불안, 교만, 도피욕구, 탈진, 그리고 스스로 만든 자신에 대한 환상을 보존하려는 욕구다.

분열된 삶의 유혹

"목적이 이끄는 삶"이란 말을 들어보았을 것이다. 고든 맥도널드는 종종 목회자들이 "비밀이 이끄는 삶"을 살아간다고 말한다.[8] 목회는 비밀을 지키도록 우리를 훈련시킨다. 부부 상담, 민감한 임직원 정보, 교인들의 비밀스런 과거, 비공개 장로 모임의 토론 내용, 은밀한 기도 요청 등은 비밀로 해야 하는 것들이다. 또한 우리 자신의 비밀이 있다.[9]

"라이프웨이 크리스천 리소시즈" 대표 톰 레이너는 목회자가 교인들에게 말하기를 거부하는 다섯 가지 비밀을 열거한다. "나(목사)의 결혼 생활은 갈등이 많다", "우리 아이들이 자라서 교회를 싫어할까 봐 두렵다", "나는 소수 비판자들에게 통제받고 있다", "내게 협조적이면서도 비판자들에게서 나를 방어해 주지 않는 교인들에게 종종 화가 난다", "사임을 여러 차례 고려한 적이 있다."[10]

가면은 교회 생활과 사생활로 분열된 삶을 살게 만든다.[11] "진실성"을 뜻하는 영어 integrity의 어근 integer는 "하나"라는 뜻이다. 진실성을 지닐 때 우리는 줄곧 한 사람이다. 탕자 비유에 나오는 둘째 아들은 분열된 삶을 살았다. 그는 아버지가 계심을 알고 그 아버지가 자신을 사랑함을 알지만, 마치 그런 사실을 모르는 것처럼 살았다. 큰 아들도 마찬가지다. 그는 집 안의 모든 것이 자신의 소유임을 알지만, 마치 그렇지 않은 것처럼 살았다. 분열된 삶을 살 때 우리는 자신에게, 그 다음에는 다른 이들에게 거짓말을 한다. 그렇게 해서 끝내 삶의 기초에 금이 간다.

우리의 정체성이 그리스도 안에 뿌리 내릴 때, 우리는 용기를 내어 가면을 거부한다. 신시내티에서 열린 "실패한 목회자 대회"에서 한 작은 교회의 목사인 미리암은 이렇게 말했다. "하나님이 저부터 가면을 벗으라고 명하셨어요. 그 명령에 순종하긴 하지만, 정말 싫은 일입니다." 그렇게 하는 것은 몹시 고통스럽지만 매우 용기 있는 것이다.

가면을 쓰고 싶은 유혹을 가장 많이 받을 때가 언제인가? 다른 사람들에게 비판받을 때(또는 비판받는다고 인식될 때), 적절히 제시할 대답을 찾지 못할 때, 다른 사람들이 우리에게 가면을 쓸 수 있는 확실한 기회를 제공할 때다. 가면을 쓰고 싶은 유혹을 느낄 때, 다음과 같은 감정 상태를 점검하면 도움이 될 것이다. "나는 두려워하는가? 무감각한 상태인가? 불안한가? 고통을 감추려 하는가? 수치를 느끼는가? 만일 그렇다면, 그 이유는 무엇인가? 가면을 쓰고 싶은 욕구를 무너뜨려줄 십자가를 신뢰하지 못하게 하는 것은 무엇인가?"

믿을 만한 동료 목회자들과 함께 이러한 대화를 나눠보면 도움이 될 것이다. 자신이 진정으로 돕기 원하는 이들에게 목회자는 자신의 삶의 경험을 감추려 들지 않을 것이다.[12] 우리가 계속 가면을 쓴다면, 은혜는 우리 삶에서 가장 중요한 것이 아니라 선택적인 것이 된다. 가면이 남아 있는 한, 외로움도 남아 있다. 반면 자신의 망가진 모습을 인정하면 은혜에 더 가까워진다.

06

상처

조각 난 꿈

원수가 내 영혼을 핍박하며 내 생명을 땅에 엎어서 나로 죽은 지 오랜 자같이 나를 암흑 속에 두었나이다 그러므로 내 심령이 속에서 상하며 내 마음이 내 속에서 참담하니이다.
_ 시편 143편 3-4절

천국의 오래된 좋은 포도주는 고통이라는 방에 들어 있다.
_ 사무엘 루터포드, 「사무엘 루터포드의 편지」(Letters of Samuel Rutherford)

깨짐

다음은 지난 몇 년에 걸쳐 낙심한 목회자들이 내게 토로한 내용이다.

- 나는 하나님을 가까이 하려 하지만 하나님은 내게서 멀어지신다. 이 터널의 끝에는 빛이 보이지 않는다. 오로지 어둠뿐이다.
- 왜 하나님은 자신과 달리 배우자는 예수님을 믿지 않는 사람들로 가득한 회중을 내게 보내셨을까?

- 나는 거의 한계점에 도달했다. 참을 만큼 참았다고 생각했을 때였다. 아내와 나는 아홉 살짜리 우리 딸이 백혈병에 걸렸음을 알게 되었다. 바로 그 주간에 목회를 영영 그만두려 했다. 그렇지만 다른 직업을 가질 수 없었다. 그래서 지난 17년 동안 목회를 계속할 수밖에 없었다.
- 4년 전, 하나님이 나를 목회자로 부르셨다. 이 4년은 마치 사막과 같았다.
- "실패"라는 주홍 글씨가 내 가슴에 새겨져 있다. 그것은 마치 영원한 성적표 같은 느낌이다. 앞으로 면접을 보게 될 교회에 내 과거를 어떻게 설명해야 할까?
- 나는 전반적으로 의기소침하다. 아침에 일어날 때마다 회중을 어떻게 이끌어야 할지 난감해진다.
- 7년 전에 형이 죽었다. 무척 견디기 힘든 고통이었다. 그렇지만 그 고통도 우리 교회의 문을 닫아야 했을 때 교단 지도자들에게 느낀 것만큼 심하진 않았다.

목회 지도자인 키이스는 여러 목회자가 모인 자리에서 간음자였던 자신의 이야기를 들려주었다. 그는 섹스 중독이 심해서 그 일로 직장 세 곳에서 해고되었다. 심지어 수간까지 자행했다고 시인했다. 2,600명의 회중이 모이는 교회를 섬기던 어느 목사는 출석 교인 수가 매주 약 150명씩 감소되는 것을 보았다. 최근에 그는 아내가 그와도 아는 사이인 다른 남자에게 갔다고 말했다. 이번 주 화요일에 그는 이혼 서

류에 서명하러 법원에 간다.

위기와 혼란 속에서(죄악 된 상황이든 그렇지 않든) 우리는 어떻게 의미를 찾을 수 있을까? 휘청거리는 삶을 어떻게 회복할 수 있을까? 깨진 파편들 속에서 어떻게 소망을 찾을까? 심한 고통 속에 있을 때, 어떻게 하면 깊은 어둠으로 향하지 않을 수 있을까?[1]

어느 유명한 저자이자 강연자는 지난 10년 동안 교회 개척자나 지역교회 활성화를 시도하는 목회자들과 함께 일했는데 그 경험을 한 마디로 요약하면 "비참함"이었다고 말했다. 사도 바울도 자신의 사역을 비슷하게 묘사한 적이 있다(고전 4:10-13). 실패의 고통을 겪는 목회자와 기독교 지도자들에게서 가장 흔히 엿볼 수 있는 감정은 분노, 두려움, 혼란, 체념이다. 그런 감정은 감춰질 수도 있지만, 그들의 이야기 속에서 적어도 하나는 드러나게 마련이다.

위기

위기의 시기를 어떻게 견뎌낼 것인가? 위기는 자신의 삶을 더는 통제할 수 없는 두려운 상황이다. "위기"를 뜻하는 영어 crisis는 "체질하다, 분리하다"라는 뜻인 헬라어 "크리시스"(*krisis*)에서 유래했다. 우리 중에는 체질당하는 사람이 많다. 위기는 위험과 수치심이라는 두 가지 핵심 요소를 수반한다. 그것은 단순한 위협이 아니라 철저한 파멸의 위험을 나타낸다.[2] 지옥의 공포를 느끼게 하지 않는 것은 위기가 아니다.

위기는 언제나 깊은 흔적을 남긴다. 위기 순간을 우리는 좀처럼 잊지 못한다. 우리의 뇌는 파멸 경험을 상세히 기억한다. "위기"는 각각 "위험"과 "기회"를 뜻하는 한자로 이루어져 있다. 위기는 우리를 파괴할 수 있지만 변화시킬 수도 있다. 위기에 직면하면 우리는 더 두려운 상황에서 자신을 지키기 위해 움츠러들거나, 더 많은 위기를 맞을 수 있음을 알면서도 용기 있게 전진한다.

배신

행사 중 잠시 쉬는 시간에, 가장 심한 배신감을 느낀 때가 언제인지를 도널드에게 물었다. 도널드는 미국 중서부 지역에서 목회하고 있었다. 그는 어느 늦은 밤 장로 모임 후에 일어난 일을 들려주었다. 차를 타러 교회 주차장으로 가는 길에 그는 한 장로에게 거의 폭행을 당하다시피 했다. 그 사건을 떠올리면서 도널드는 억지 미소를 지어보였다. 그렇게라도 하지 않았다면 내 앞에서 감정을 주체할 수 없었을 것이다. 그 사건 이후, 매주 그 장로와 눈을 마주치는 것이 무척 힘들었다고 했다. 그 장로가 아무 일도 없었던 것처럼 행동했기 때문에 도널드는 더욱 힘들었다.

창세기에 수록된 요셉의 생애는 매우 놀라운 이야기다. 내 친형제들이 나를 꽁꽁 묶어서 해외 노예상들에게 팔아넘긴 뒤 아버지에게 거짓말을 했다면 어떻게 되었을까? 평생은 아니더라도 적어도 몇 해 동안

내 마음속에 분노가 끓어오르지 않겠는가? 밤중에 침대에 누워 잔인한 복수를 치밀하게 계획하지 않겠는가? 누군가가 가족에 대해 물으면 어떤 반응을 보이겠는가?

 요셉은 애굽 고위 관리의 아내를 겁탈하려 했다는 모함을 당했다. 그는 자신이 저지르지도 않은 범죄 때문에 여러 해 동안 감옥에 갇혔다. 감옥에서 아침에 일어날 때 어떻게 그 마음속에 분노가 이글거리지 않았을까? 다른 사람을 어떻게 다시 신뢰할 수 있었을까? 이 모든 상황에서 어떻게 제정신을 유지했을까? 훗날 형제들 앞에 어떻게 아무런 내색도 하지 않고 설 수 있었을까? 어떻게 보복하지 않을 수 있었을까? 나라면 무슨 말을 하고 싶을까? 무슨 행동을 하고 싶을까? 어떻게 내가 그들을 처형하지 않을 수 있겠는가? 무슨 이유에서인지 하나님은 상상하기 힘든 이 고통과 배신의 이야기를 가장 역설적인 반전에 사용하셨다. 요셉은 북아프리카 강국의 권력 서열 2위에 올랐고, 그 결과 자신의 형제들을 포함하여 수많은 사람을 구해낼 수 있었다. 참으로 놀라운 반전이지 않은가!

"주께서 나를 속이셨다"

 구약 선지자 예레미야의 실패 이야기는 다른 어느 선지자의 이야기보다 상세하고 깊이 있게 묘사되어 있다. 하나님은 출생 때부터 예레미야를 따로 구분하여 이스라엘 민족을 향해 진리의 대변자로 세우셨다.

그러나 그는 하는 일마다 실패했다.

내가 예레미야라면 어떠했을까? 믿음의 순종으로 전한 회개의 메시지에 아무도 귀 기울이지 않고 반응하지 않을 때, 나라면 몹시 비통해졌을 것이다. 여호와의 명령대로 행했다는 이유만으로 매를 맞고 성읍 중심부로 끌려가서 목에 차꼬가 채워진 채 모든 사람 앞에서 모욕을 당한다면 어떤 기분일까? 사역에 충실했다는 이유로 식구들 손에 매 맞고 종교학자들의 살해 음모에 직면하게 된다면(렘 26:11) 내 심정이 어떠할까? 그 상처에서 어떻게 회복될 수 있을까?

예레미야는 자신의 심경을 이렇게 토로한다.

여호와여, 주께서 나를 속이시므로 내가 속임을 당했으며 주께서 나보다 강하시므로 나를 이기셨습니다. 내가 하루 종일 조롱거리가 되어 모든 사람들에게 비웃음을 사고 있습니다. 내가 말할 때마다 "횡포! 멸망!" 하고 부르짖게 되니 내가 주의 말씀 때문에 하루 종일 수치와 모욕을 당합니다(렘 20:7-8, 현대인의성경).

감정이 매우 격앙된 예레미야는 자신을 속이셨다며 감히 하나님을 비난했다. 나라도 그렇게 말했을 것이다. 그러나 20장 뒷부분에서는 예레미야의 마음이 바뀌어 하나님을 찬양한다. 그는 일어나서 다시 백성에게 회개의 메시지를 전한다.

결국 바벨론은 이스라엘을 침공하여 거의 3년 동안 예루살렘 성을 포위 공격했다. BC 587년에 바벨론 군대는 유대인들을 포로로 잡아

약 960킬로미터 북편으로 데려갔다. 한때 여호와를 예배하는 중심지로 장엄하게 서 있던 예루살렘 성이 불에 타고 파괴되었다. 예레미야의 생애는 철저한 실패였다. 예레미야가 애가를 기록하고 "눈물의 선지자"로 불리는 것은 전혀 놀라운 일이 아니다.

벼랑 끝에서

이 혹독한 순간들이 은혜를 나타낸다면 어떨까? 앤드류 퍼브스는 목회의 십자가를 경험하는 목회자들의 비극적이면서도 구속적인 현실을 언급한다. 그들은 하나님이 그들과 그들의 교회에 가까이 다가서시는 때가 바로 그 순간임을 깨닫는다. 그 순간 그들은 자신이 죄인을 용서하거나 죽은 자를 다시 살리거나 하나님나라를 이 땅에 임하게 할 수 없음을 깨닫고, 종종 그들이 문제이자 훼방거리임을 알게 된다. 그들은 교회를 성장시키지 못하고, 죄인을 회개시키거나 병든 자를 치유하지 못했다.

때로 위기와 배신은 교인들에게 필요한 존재가 바로 "우리"라는 생각에서 "예수님"이라는 생각으로 전환시켜 우리의 초점을 복음에 맞추게 한다. 큰 목회에 대한 우리의 야심은 단순히 약화되어야 하는 것이 아니다. 퍼브스가 말하듯이 그 야심은 더 엄격히 다뤄져야 한다. 십자가에 못 박혀야 한다. 이것은 좋은 소식이다. 이 위기의 순간, 귀한 혼란 가운데 우리는 가장 자유로운 형태의 목회를 경험하게 되기 때문이다.[3]

"여기 메시아가 계시다. 나는 결코 메시아가 아니다"라고 사람들에게 자랑할 때, 이 자유를 발견할 수 있다.

물론, 우리는 알고 있다

기대를 만족시키는 데 실패하면 누구나 무능함을 느끼기 마련이다. 실패나 거부, 버림받음이 어떤 느낌인지는 굳이 설명하지 않아도 될 것이다. 누구나 그것을 경험한 적이 있으며 알고 있기 때문이다.

물론, 우리는 죄로 인해 망가지고 상처 입은 타락한 세상에 살고 있음을 알고 있다. 우리 눈에 보이는 모든 것은 확연히 달라졌다. 원래 의도된 모습이 아니다. 모든 피조물이 이 현실 속에서 신음한다.

물론, 우리는 사람이 죄악 되고 파괴적인 결정을 내릴 수 있음을 알고 있다. 이런 결정이 우리 마음속에 상처의 파편을 남긴다.

물론, 우리는 다른 이들의 마음속에도 파편이 깊이 박힌 것을 알고 있다. 그 파편은 우리가 일으킨 폭발에서 나온 것이다.

물론, 우리는 한 인간으로서 그리고 예수님을 따르는 자로서 실패를 피할 수 없음을 알고 있다. 예수님은 제자들에게 그것을 예상하라고 말씀하셨다.

물론, 우리는 그리스도인의 이야기에서 소망으로 가득한 구속 앞에 실패가 놓임을 알고 있다. 실패가 없다면 은혜도 필요 없다. 자백(실패 인정)은 기독교 신앙으로 들어서는 입학시험이며, 은혜의 문을 넘어서는 문지방이다.

물론, 우리는 은혜를 알고 은혜를 설교하며 은혜에 대해 자주 이야기 하지만, 자신이 하는 말을 언제나 믿고 있는 것은 아님을 알고 있다. 우리는 자신이 다른 사람들만큼 은혜를 필요로 하지는 않는다고 믿으려는 유혹을 받는다.

물론, 우리는 온갖 노력에도 실패를 피할 수 없음을 알고 있다. 온갖 노력을 기울여도 자신의 삶을 완벽하게 만들 수 없지만 우리는 계속 시도한다.

물론, 우리는 수치심이 강력한 자극제임을 알고 있다. 수치심은 "반드시 ……해야 한다"라는 식의 삶을 유발한다.

물론, 우리는 실패와 수치심이 그 모습을 드러냄을 알고 있다. 실패는 우리를 규정하고 다듬고 재규정하며, 결코 우리를 같은 모습으로 남겨두지 않는다.

물론, 우리는 이 사실들을 알지만, 실패는 여전히 우리 마음을 비틀며 괴롭힌다.

시편_ 어떤 것도 감추거나 다듬지 않은 솔직한 기도

시편의 경우, 진정한 핵심을 이해하거나 경험하지 않은 채 그 내용을 읽거나 설교하기가 쉽다. 시편 기자는 정치적 올바름(political correctness, 인종, 종교, 성차별 등의 편견이 포함되지 않는 언어와 정책을 사용하려는 태도_ 옮긴이)을 고려하지 않으며, 자신에 대한 다른 이들의 생각에 신경 쓰지 않는 것 같다.

나는 "형제애의 도시"(the City of Brotherly Love)로 알려진 필라델피아의 북부 지역에 살고 있다. 필라델피아에 살아본 사람이라면 그 별칭의 아이러니를 경험했을 것이다. 이곳 사람들은 대체로 성마르고 직설적이며 감정적이고 지나치게 열정적이다. 종종 외지인들은 우리를 다투기 좋아하고 허풍을 잘 떠는 무례한 사람으로 여긴다. 어떤 이들은 필라델피아를 "형제 밀치는 도시"(the City of Brotherly Shove)라 부른다.

그러나 진실을 알려면 이곳 사람들을 직접 접해 봐야 한다. 지역민들은 자신의 생각을 포장하거나 변죽을 울리지 않는다. 그들은 일부러 공손하거나 정치적으로 올바르지도 않다. 다른 지역과 달리 감정을 솔직히 표현한다. 있는 그대로 말할 뿐이다. 필라델피아에도 좋은 사람이 많다. 나는 이 도시를 좋아한다. 대부분의 필라델피아 사람들은 내가 한 말에 동의할 것이다.

시편을 읽고 시편 기자의 마음 상태를 상상하자면 이렇다. 성마르고, 투박하고, 직설적이고, 열정적이다. 그는 독자가 좋아하든 좋아하지 않든 기꺼이 진실을 솔직하게 토로한다. 사망의 음침한 골짜기를 절뚝거리며 걷거나 기어갈 때(또는 끌려갈 때), 우리는 근사하고 예의바른 기도를 드리지 않아도 된다. 예의바른 기도는 자신의 부족한 믿음을 위장하는 것일 수 있다. 위기의 때에는 기도책의 화려한 표현이 진부하고 생뚱맞아 보인다. 그런 기도는 만족스럽지 못하다.

콜로라도에서 열린 행사 때, 중년의 목사인 에드는 자신이 겪은 상심과 배신을 이야기했다. 내가 들어본 갖가지 마음 아픈 목회 이야기들 가운데 에드의 경우는 최악에 속했다. 그는 가장 힘든 시기 동안 자신을 지탱시켜준 생명줄인 세 가지 기도에 대해 나누었다. 첫째는 4세기 교부의 묵상기도였다. 둘째 기도는 비탄시였다. 셋째 기도가 가장 의미심장했다. 그는 마이크에서 뒤로 물러서서 양손을 옆으로 펼치고 하늘을 바라보며 힘껏 소리 질렀다. "하나님, 도대체 왜 이런 실패를 당하게 하십니까?" 행사장이 조용해졌다. 주위를 둘러보니 사람들이 고개를 끄덕이고 있었다. 에드는 대부분의 사람들이 생각은 하지만 말할 용기를 내지 못한 것을 언급한 것이다. 시편은 우리가 속내를 솔직히 드러내는 기도를 할 수 있음을 가르쳐준다.

보조바퀴와 허락

시편은 무엇을 어떻게 기도할지 모를 때(그리고 오래되고 근사한 기도들이 더 이상 적용되지 않을 때) 내 기도를 도와주는 보조바퀴다. 트라피스트회 수도사이자 영적 지도자인 토마스 머튼이 말했듯이, 우리가 기도 속으로 들어가기 위해서는 이 시편을 자신의 것으로 만들어야 한다.[4]

시편은 보조바퀴일 뿐 아니라 내가 느낀 것을 표현하도록 허락해 준다. 칼빈은 시편을 우리 영혼의 거울이라고 했다. 우리의 감정들 가운데 시편에 이미 표현되지 않은 것은 거의 없다. 두려움, 분노, 슬픔, 기쁨, 비통함, 의심, 감사, 외로움, 보복, 경의, 불평, 긍휼. 이 모든 것이 시편에 있다. 이 사실은 큰 위안이 되며, 나 혼자만 그러한 감정을 느끼는 것이 아님을 상기시킨다.

암담한 시기에 나는 예전에 결코 시도한 적이 없던 일에 착수했다. 시를 쓰기 시작한 것이다. 그 과정에서 나는 내 감정의 강렬함에 놀랐다. 그 어느 때보다 솔직해졌다. 그 시들은 예전에는 전혀 알지 못한 기도 형태였다. 필라델피아 사람다운 격렬한 감정 층 아래에는 창조주와 교제하려는 내면적 열망이 있었다. 기도 시를 쓰는 과정은 모든 옷을 벗고 전신 거울 앞에 서서 이렇게 말하는 느낌이었다. "제가 여기 있습니다. 이제 숨길 것이 전혀 없습니다. 내 마음을 주께 솔직히 드러낼 수밖에 없습니다."

시편의 3분의 2가 비탄시인데도 주일 예배에서 이러한 장르의 찬양을 거의 부르지 않는다는 사실에 주목해 본 적이 있는가? 이 비탄시들은 "하나님이여, 얼마나 더……?"라는 세 마디로 요약될 수 있다. 이 시들은 가라앉는 우리 영혼의 배의 갑판에서 피워 올리는 비탄의 신호다. 브라이언 잔드는 "비탄시는 고통 때문에 마귀에게 넘어가지 않도록 고통을 표현하여 몰아내는 방식"이라고 말했다.[5]

이 시들의 어떤 내용은 매우 충격적이다. 시편 기자는 대적의 정수리를 쳐서 깨트려달라고 하나님께 요청했다(시 68:21). 그는 그들이 햇빛을 보지 못하는 사산아 같기를 바랐다(시 58:8). 그들이 불 가운데 빠져 다시 일어나지 못하기를 원했다(시 140:10). 그는 대적의 유아를 바위에 메어치는 자를 축복했다(시 137:9). 폭행, 사산에 따른 견디기 힘든 슬픔, 유아의 무서운 죽음, 불에 타 죽음……. 수요일 저녁 기도회에서 이런 것을 간구하는 기도는 들리지 않는다.

비탄

시편 109편만큼 여과되지 않은 강력한 증오심으로 가득한 시편은 거의 없다.

그의 기도가 죄로 변하게 하시며 그의 연수를 짧게 하시며 그의 직분을 타인이 빼앗게 하시며 그의 자녀는 고아가 되고 그에게 인애를 베풀 자가 없게 하시며 여호와는 그의 조상들의 죄악을 기억하시며.[6]

허망하고 야비하며 증오심으로 가득하고 격렬하다. 그리고 지나치게 카타르시스적이다.

비탄시는 당혹스럽긴 하지만, 상황에 따라 깊은 공감을 불러일으킨다. 좋을 때에는 이 시들을 잊고 싶을 것이다. 그러나 바닥을 칠 때에는 이 시들에서 위안을 얻고 싶어한다. C. S. 루이스는 이 격렬한 감정을 다음과 같이 설명한다.

여기에는 분노의 감정이 아무런 제약이나 위장, 자의식이나 수치심 없이 적나라하게 표현되어 있다. 오늘날 이렇게 표현하는 사람은 어린아이 외에는 없을 것이다. …… 그들은 사회적 체면이나 신경증 환자라는 비난이 두려워서 증오심을 변장할 필요가 없었다. 그래서 그들의 분노는 있는 그대로의 모습으로 나타난 것이다.[7]

있는 그대로의 모습을 보면서 감사하는 이유는 우리 자신에게도 그런 모습이 있기 때문이다.

한 은퇴 목사가 "그토록 고통이 많으면서도, 비탄시를 무시하는 이유가 무엇일까요?"라고 물었다. 나는 대부분 두려움 때문이라고 생각한다. 성공을 부추기는 문화에서 우리는 자신이 성공적이지 못함을 시인하길 두려워한다. 또한 이 문화는 하나님을 불편하게 여기도록 만든다. 그러나 의미 있고 오래 지속되는 성장과 성숙을 경험할 때마다 깊은 취약성도 뒤따르지 않았던가? 사실 우리는 자신의 취약성을 인정할 때, 성장한다.

우리 문화는 존경받을 만한 일을 하고 자신의 감정을 통제할 것을 요구하지만, 시편 기자는 감정을 자유롭게 드러낸다. 대체로 시편이 읽기 불편한 이유는 하나님과 그분의 세계에 대해 어려운, 때로는 답하기 힘든 질문들을 제기하기 때문이다. 불편하지만, 시편 기자는 그런 질문을 피하지 않는다. 오히려 선호한다. 그가 표현하는 분노와 비통함의 강도는 놀랄 만하다. 그가 요즘 사람이라면, 분노 조절 훈련과 집중 상담을 받아야 할 정도다.

우리 문화에 따르면, 그처럼 여과되지 않은 언어와 격렬한 감정은 정서적 지성과 성숙을 결여한 것이다. 아무리 대적이라도 하나님의 형상으로 지음 받은 사람인데, 어떻게 그처럼 독한 말을 할 수 있는가? 예수님이 그토록 분명하게 가르치신 용서는 어디에 있는가? 내가 시편 기자처럼 말해도 괜찮은 걸까? 대적의 머리를 바위에 메어치시길, 그들이 사산아를 낳게 하시길 하나님께 간구해도 괜찮을까? 공공연하게 이런 말을 하는 사람을 당신은 고용하겠는가?

그러나 이런 글을 많이 쓴 다윗은 하나님의 마음에 합한 자로 묘사되어 있다. 다듬어지지 않은 거친 표현 속에도 굳건한 신뢰가 담겨 있다. 하나님은 당신의 자녀의 적나라한 솔직함을 좋게 여기신다.

나는 비탄시의 어투가, "난 엄마 아빠가 싫어!"라고 소리 지르고서 극적 효과를 위해 방문을 쾅 닫고 들어가는 십 대 소녀의 어투와 같다고 생각한다. 당신이 부모라면 그 상황에서 어떻게 반응하겠는가? 우리의 내적 혼란을 이처럼 격렬하게 표현하는 것을 하나님은 허용하시는 것 같다.

그러나 시편이 단순히 환멸과 슬픔을 감정적으로 분출하기만 하는 것은 아니다. 월터 브루그만의 설명에 따르면, 비탄시는 이스라엘이 무형의 슬픔을 체계화한 방식이다. 비탄시에는 형식이 있다. 예컨대, 하나님을 향한 불평의 부르짖음이 있다. 그리고 회전점(pivot point)이 있다(예를 들면, "그러나 나는 주를 기억할 것입니다"). 늘 그런 것은 아니지만, 대체로 시편 기자는 여호와께서 자신의 불평을 들으시고 적절한 조치를 취하실 것을 소망하며 믿는다. 이 비판시들은(그리고 그 내적 구조는) 우리가 심히 조악한 상황에서 드리는 기도의 틀일 수 있다. 이들은 무형의 부르짖음과 불평에 형태를 제시한다.

실패에서 회복하고 상처를 치유 받은 많은 목회자들은 이 시편들이 자신의 상처에 문지른 연고처럼 느껴졌다고 말했다. 이 시편들은 그들에게 생명줄, 즉 전심을 다하는 삶으로 돌아가는 길이었다. 전심을 다하는 삶이란 전임 목회만 가리키는 것은 아니다. 그보다는 심장이 다시

뛰기 시작함을 뜻한다.

시편은 우리의 기도를 위한 보조바퀴이며, 우리가 자유롭게 말하는 것을 허락해 준다. 우리에게 소중한 모든 것이 벗겨지고 하나님 앞에 벌거벗은 채로 설 때, 우리는 "이것이 저입니다. 이제 주님이 어떤 분인지 보여주소서"라고 자유롭게 말한다.

ID # 3

실패를 껴안으라

광야 _ 예수님과 함께하는 황무지
회복 _ 실패의 고통에서 벗어나는 과정
재시작 _ 다시 현장으로

07

광야

예수님과 함께하는 황무지

> 오, 하나님이여, 나는 당신을 사랑하지 않습니다. 심지어 당신을 사랑하고 싶지도 않습니다. 하지만 당신을 사랑하고 싶길 원합니다.
> _ 아빌라의 테레사, 『내면의 성』(The Interior Castle)

> 그러므로 우리가 이 직분을 받아 긍휼하심을 입은 대로 낙심하지 아니하고 …… 우리가 이 보배를 질그릇에 가졌으니 이는 심히 큰 능력은 하나님께 있고 우리에게 있지 아니함을 알게 하려 함이라 우리가 사방으로 우겨쌈을 당하여도 싸이지 아니하며 답답한 일을 당하여도 낙심하지 아니하며 박해를 받아도 버린 바 되지 아니하며 거꾸러뜨림을 당하여도 망하지 아니하고 우리가 항상 예수의 죽음을 몸에 짊어짐은 예수의 생명이 또한 우리 몸에 나타나게 하려 함이라 …… 그러므로 우리가 낙심하지 아니하노니 우리의 겉사람은 낡아지나 우리의 속사람은 날로 새로워지도다 우리가 잠시 받는 환난의 경한 것이 지극히 크고 영원한 영광의 중한 것을 우리에게 이루게 함이니 우리가 주목하는 것은 보이는 것이 아니요 보이지 않는 것이니 보이는 것은 잠깐이요 보이지 않는 것은 영원함이라
> _ 고린도후서 4장 1절, 7-10절, 16-18절

역설적인 선물

실패는 추한 포장지에 싸인 아름다운 선물이다. 그것은 하나님이 우리에게 주시는 가장 역설적인 선물들 가운데 하나일 수 있다(우리가 기꺼이 그런 식으로 볼 경우에만). 우리는 여러 가지 비틀거리는 단계에서 넘어지

기 쉬운 사람들이다. 피곤할 수 있으나 죽은 것은 아니다. 하나님은 아직 우리를 포기하지 않으셨다.

바울의 질그릇 비유(고후 4:7)는 인상적이다. 헬라어 "스큐오스 오스트라키노스"(*skeuos ostrakinos*)는 "진흙 그릇"(토기)으로 번역될 수 있다. 여기서 바울은 보화에 초점을 맞춘다. 보화는 그릇이 아니라 그 안의 내용물이다. 우리는 진흙으로 만들어진 깨진 그릇이다. 그러나 예수님의 복음의 소망을 우리 안에 지니고 있다. 우리는 그릇 안에 있는 것보다 그릇에 관심을 집중하기 쉽다. 그릇을 존중하고 내용물은 무시하면, 복음의 진실성을 고려하지 않는 목사가 된다. 분명 우리는 연약한 영혼들이다. 사방으로 심하게 우겨쌈을 당하고 답답한 일을 당하며 심한 핍박을 받고 거꾸러뜨림을 당해도 우리는 여전히 소망이 있다. 우리에게는 값으로 따질 수 없는 것이 있기 때문이다. 마치 종이컵에 부은 좋은 포도주처럼, 소중한 것은 그릇이 아니라 그 안에 담긴 내용물이다.

우회로

나는 약속의 땅으로 향하는 이스라엘의 영적, 지리적 여정을 좋아한다. 하나님은 그들의 광야 여정을 서두르지 않으셨다. 우리의 영적 여정도 그렇게 이해해야 하지 않을까? 해결책은 보이지 않고 고통과 상처가 좀처럼(때로는 여러 해 동안) 사라지지 않는 것 같다. 하나님은 우리 주변 상황보다 우리 안에서 진행되는 변화에 더 관심이 많으신 것 같다.

신학적으로 우리는 하나님이 하시는 일을 인정할 수 있다. 그러나 하나님이 우리에게 고통의 의미를 이해시키려 하신다는 사실은 받아들이기가 쉽지 않다.[1] 영적 여정은 (특히 실패의 시기에는) 결코 직선로가 아니다. 매우 비효율적이지만, 상당히 효과적이다. 우리의 위기 때에 하나님은 당신의 임재를 깊이 있게 경험하게 하신다. 평온한 시기에는 우리가 경험하지 못하는 깊이다. 하나님이 우리를 광야의 먼 길로 이끄시는 것은 우리를 보호하기 위해서다(우리가 그것을 보호라고 생각하지 않을지라도). 출애굽기는 이스라엘의 여정을 상세히 설명한다.

> 바로가 백성을 보낸 후에 블레셋 사람의 땅의 길은 가까울지라도 하나님이 그들을 그 길로 인도하지 아니하셨으니 이는 하나님이 말씀하시기를 이 백성이 전쟁을 하게 되면 마음을 돌이켜 애굽으로 돌아갈까 하셨음이라 그러므로 하나님이 홍해의 광야 길로 돌려 백성을 인도하시매(출 13:17-18).

우회로였다.[2] 그렇다. 하나님은 우리를 우회로에 있는 실패의 광야로 이끄신다. 우리의 유익을 위해 그렇게 하시는 것이다.

광야의 공포와 소망

광야 여정은 우리를 영적으로 비옥해지게 만든다. 신명기는 당시 이스라엘 상황을 "광대하고 위험한 광야"로 묘사한다(신 8:15). 매우 정확한 묘사다. 위험한 광야에서 방황할 때 우리는 무엇을 해야 할까? 『영광을 비추다』(Reflecting the Glory)라는 책에서 N. T. 라이트는 광야에서는 갖가지 음성이 들린다고 말한다. 그 음성들 가운데 어느 것이 신뢰할 만하며 관심을 기울일 만한지, 그리고 어느 것이 위험하며 무시되어야 하는지를 분간하기란 쉽지 않다.

불안과 염려에도 종종 광야 순간들은 하나님을 만나는 순간이 되며, 우리의 한계와 맞닥뜨려 우리 자신의 힘으로는 전진할 수 없음을 인정하지 않을 수 없는 때가 된다. 우리가 한계를 자각할 때, 하나님은 자신을 그리고 자신의 무한하신 성품을 흔쾌히 보여주신다. 주석이나 집회, 신학교 수업에서는 접하기 힘든 경험이다.

광야는 우리 안팎의 취약성을 우리에게 노출시킨다. 광야에는 심각한 불모와 혼란, 황폐함이 있다. 바짝 메말라서 물이 절실하게 필요하다. 성공 시기에는 우리의 목회관 속에 자기만족의 우상이 스며들기 쉬우나, 광야에서는 불가능하다. 하나님을 절대적으로 의지하지 않으면 모든 것이 끝장이다.

광야의 사람들

광야를 택하는 사람은 없다. 광야가 우리를 택한다. 우리는 실제로 광야를 경험하지 않고서 광야의 교훈을 배우길 원한다. 그러나 실망스럽겠지만, 그런 식으로는 배울 수 없다. 광야는 뜨겁고 외로운 곳이지만, 하나님은 광야에서 가장 강력하게 역사하신다. 그분은 광야를 교사로 활용하신다. 그곳에서 우리는 하나님이 간섭하셔서 가르쳐주시길 기다린다. 광야는 우리가 하나님과 더불어 씨름하는 곳이며, 그 결과 우리는 절름발이가 될 수도 있다.

여러 면에서 출애굽 이야기는 단순히 이스라엘의 이야기가 아니다. 우리의 이야기이기도 하다. 불확실하고 궁핍한 때에, 하나님은 은혜롭게 만나를 주시며 필요한 것을 적절한 때에 충분히 공급해 주신다. 우리는 광야에서 성장한다. 하나님의 간섭만이 우리가 생존할 수 있는 유일한 길이기 때문이다. 여기서 우리는 "일용할 양식을 주옵소서"라고 기도한다. 우리는 광야 사람이다. 하나님은 우리를 늘 광야에서 벗어나게 하진 않으신다. 우리에게서 광야가 늘 사라지게 하지도 않으신다. 그분은 광야 가운데서 함께할 것을 약속하신다.

성경에 나오는 몇몇 지역은 광야다. 시내, 바란, 신, 남방(네게브)과 유대. 어떤 이들은 "광야"와 "사막"을 서로 바꿔 쓸 수 있는 말로 사용한다. 이 말은 "사람이 살지 않는 땅"을 뜻하는 히브리어 "미드바르"(midbar)에서 유래했다. 성경의 광야는 "혹독한"이라는 한 단어로 묘사될 수 있다. 신명기 32장 10절은 이를 "황무지에서, 짐승이 부르짖는 광야에서"라고 묘사한다.[3] 광야는 낙타가 많이 다니는 평평한 모래 지역이 아니다. 그곳에는 바위가 많고 울퉁불퉁하며 좁은 골짜기와 가파른 바위 절벽이 있다. 굽이쳐 뻗은 좁은 길들이 있다. 그 길을 걷다보면 앞으로 어떤 지형이 나올지 알 수가 없다. 햇볕은 태울 것처럼 뜨겁고 야생 짐승이 돌아다니는데다 생존에 필수인 물도 부족해서 매우 위험하다. 광야에서 우리는 위험에 노출되며 고난에 익숙해진다.

광야의 역설

광야는 역설의 장소다. 아름다움과 황량함, 상심과 소망, 평온과 혼란, 위험과 피난,[4] 외로움과 공급. 성경의 몇몇 위인은 광야에서 삶을 변화시키시는 하나님을 만났다. 모세는 광야에서 자신의 지도자 임무에 대해 불평했다. 엘리야는 바알 선지자들 앞에서 여호와의 권능을 극적으로 드러냈지만, 그 후 광야에서 자살을 생각했다. 야곱은 하나님과 더불어 씨름했고, 그 결과 남은 생애 동안 다리를 절었다. 다윗은 광야에서 양떼를 쳤고 도망자가 되어 동굴에 숨었다. 이스라엘 민족은 40년 세월 동안 지치고 절망스러운 상태로 광야를 배회했다. 아브라함, 사라, 이삭, 리브가, 야곱, 레아, 라헬도 광야 사람이었다. 그들이 광야에서 난관에 봉착하는 경험만 한 것은 아니다. 실제적이고 친근한 방식으로 삶을 변화시키는 하나님을 경험했다. 그들은 내가 갈망하는 방식으로 하나님을 만났다.

분명 광야는 불순종과 시련, 끊임없는 불평이 있고, 누군가를 꾸준히 신뢰할 수 없는 장소다. 모세가 산에서 하나님을 만나고 있는 동안 이스라엘 백성이 금송아지를 만들어 숭배한 곳이다. 그러나 광야는 많은 사람이 직간접적으로 하나님을 경험한 피난의 장소이기도 하다. 하나님은 자신의 백성을 광야에서 만나신다. 그분은 그곳에서 가장 복된 일을 하시는 것 같다.

광야는 오직 하나님만이 필요한 것을 공급하실 수 있는 곳이며, 하나님의 간섭이 없으면 그 백성이 죽을 수밖에 없는 곳이다. 반석에서 쏟아져 나오는 물, 만나가 깔려 있는 땅, 하나님의 백성을 인도하는 불기둥과 구름기둥, 불뱀에게 물린 자들을 낫게 하는 장대에 달린 놋뱀, 그리고 언약 백성 가운데 친밀히 거하실 수 있도록 임시 거처를 짓게 하신 하나님의 명령에 대한 이야기를 우리는 읽는다. 광야에서 하나님은 자신의 백성에게 필요한 것을 공급하신다. 그 백성을 치유하며 구원하신다. 또한 그들과 함께하신다.

애덤 맥휴는 광야를 가리켜 하나님의 백성의 현주소라고 말한다.[5] 하나님의 백성은 광야에서 하나님을 알며 신뢰하는 법을 배운다. 하나님은 자신의 백성을 애굽의 억압적인 현실에서 건져내고 멋진 새 땅을 약속하신다. 그러나 그들을 가르치기 위해, 그들을 세상의 다른 모든 민족과 구별되는 백성, 그분이 원하시는 모습의 백성으로 만들기 위해 그들을 광야로 이끄신다.

우리는 푸른 초원과 고요한 물가를 원한다. 그러나 하나님은 때로 우리를 메마르고 황량한 황무지로 인도한다. 그 땅을 도보로 수없이 여행한 레이 반더 라안은 광야의 교훈을 이렇게 전한다. "광야를 주신 하나님의 목적은 투쟁에 있다. 광야에서 우리는 하나님을 더 친밀하게 알게 된다."[6]

평생 방랑하는 부족인 베두인족은 하나님이 사막에서도 필요한 것을 공급해 주심을 우리에게 알려준다. 단지 우리는 그것을 어디서 어떻게 찾는지를 알기만 하면 된다. 이것은 간접적으로 배울 수 없다. 가까이서 개인적으로 배워야 한다. 언제나 광야에서는 의미심장한 카이로스 순간이 계속 이어진다.

우리는 광야 경험을 원하는가? 그렇지 않다. 광야 경험을 원하는 것은 자학적이거나 망상적으로 보일 것이다. 그러나 일단 광야를 경험하고 있다면, 우리는 하나님이 의미 있는 교훈을 베푸시며 우리와 더불어 친밀하게 교제하길 원하실 것임을 예상할 수 있다. 우리는 광야를 저주할 수도 있다. 그러나 한 가지는 부인할 수 없다. 광야 경험이 우리의 영적 성장의 일부이며, 하나님의 의도적인 목적에 따라 우리를 세우시는 과정이라는 것이다.[7] 광야는 성화다. 우리 영혼을 위한, 은혜로 장식된 비계(飛階, 건축공사 때 높은 곳에서 일할 수 있도록 설치하는 임시가설물로, 재료운반이나 작업원의 통로 및 작업을 위한 발판이 된다_옮긴이)다.

성경은 이스라엘 민족이 광야에서 배회한 이야기를 상세히 전한다. 여기서 우리가 놓치지 말아야 할 사실이 있다. 성경은 하나님이 그들로 하여금 광야 길을 걷게 하셨다고 말한다(신 8:2, 암 2:10). 광야가 위험하고 힘든 곳이라면, 하나님은 왜 자신의 백성을 그리로 이끄셨을까? 그들을 징벌하시기 위해서였을까? 아니다. 처음에는 그렇지 않았다. 그때는 아직 이스라엘이 반역하거나 거부하거나 불순종하기 전이었다. 하나님은 이스라엘 백성이 그들의 길을 걷지 않고 그분의 때에 그분의 길을 걷기를 바라셨다(신명기 10장, 시편 23, 25편을 보라). 우리가 순종한다면, 광야는 하나님의 교실이 된다. 그곳에서 우리는 하나님에 대한 교훈을 배울 뿐만 아니라 그분을 직접 경험한다.

신명기 8장에 따르면, 하나님이 히브리인들을 인도하신 것은 그들을 가르치고 시험하며 그분의 독특한 백성으로 만들기 위해서였다. 그렇게 인도하고 시험하시는 중에 하나님은 그들을 먹이셨으며, 그들의 옷이 헤지지 않고 그들의 발이 부어오르지 않게 하셨다. 종종 우리는 광야 기사에서 참으로 중요한 요점을 간과한다. 하나님이 크신 은혜로 자신의 백성을 광야로 이끄셨다는 사실이다. 그것은 삶의 길을 어떻게 걸을지 가르치시는 하나님의 방법이었다. 그러나 이스라엘은 그것을 은혜로 보지 않았다. 전혀 그렇게 보지 않았다. 시편 78편은 하나님을 향한 이스라엘의 반역과 죄와 불평을 상세히 묘사한다. 하나님은 이스라엘의 완고하고 굳은 마음 때문에 광야에서 그들을 징벌하셨지만, 광야에 들어가기 전에는 그렇게 하지 않으셨다.

그토록 혹독한 장소가 어떻게 그토록 친밀하고 자상하신 하나님을 경험하게 할 수 있을까? 어떻게 취약성과 불확실성이 우리로 하여금 안전하고 평온할 때에는 결코 배우지 못한 것들을 배울 수 있게 할까? 가장 고통스런 순간이 예수님께 가장 가까이 나아가는 때인 이유는 무엇일까? 실패한 목사들은 광야에서 깊은 상처를 경험하고 있지만 그것을 감사해야 한다. 야고보가 시련의 선물에 대해 언급한 것도 놀라운 일이 아니다(약 1장). 광야에는 의미심장한 성장의 순간들이 즐비하다. 광야는 잊지 못할 고통스런 교육을 받게 하는, 그리고 마침내 우리가 감사할 수 있는 환경이다.

영적 성숙은 광야를 하나님의 거친 은혜로 받아들이는 법을 배우는 것이다. 하나님이 광야에서 갖가지 은혜로운 사역을 행하신다면, 성령이 예수님의 사역을 준비시키기 위해 광야로 이끄신 것은 놀라운 일이 아니다. 그렇다면, 성령이 우리를 그곳으로 이끄실 때 왜 우리가 놀라겠는가? 도리어 우리는 광야를 기대해야 할 것이다. 광야에 있는 동안 불평하지만, 우리는 줄곧 우리 곁에 서 계신 예수님을 발견할 수 있다 (심지어 그분의 임재를 우리가 알아채지 못할 때에도).

무서운 광야는 사랑하는 백성을 향한 하나님의 거친 은혜의 표현이다.

08

회복 : 스티븐 버렐 박사와 함께

실패의 고통에서 벗어나는 과정

곤경의 바다 속으로 잠수하는 이들이 진기한 진주를 꺼낼 수 있다.
_ 찰스 스펄전, 『스펄전의 기도』(Spurgeon on Prayer)

그러므로 우리가 이 직분을 받아 긍휼하심을 입은 대로 낙심하지 아니하고.
_ 고린도후서 4장 1절

다른 사람들에게 배우다

주변 사람들의 상처를 다루는 방식은 우리 속의 상처를 다루는 방식에 전적으로 의존한다. 심각한 목회 실패에서 어떻게 회복할 수 있을까? 건강하게 빠져나오는 이들과 그러지 못하는 이들의 차이는 무엇일까? 우리는 슬퍼하는 법을 배워야 한다. 슬퍼하기를 거부하는 것은 우리 영혼에 내리는 사형선고다. 상처를 통해 무엇을 배워야 하는지를 이해하기 전에는 상처를 제거하지 못한다.

사울 왕이 죽었을 때, 다윗은 애도의 노래를 지었다. 사울이 다윗의 생명을 노리고 그의 삶을 생지옥으로 만들었는데도 특이하게 다윗은 그 노래를 기록하여 유다 족속에게 가르치라고 지시했다. 그는 그들이 그 노래를 배우고 암송하며 그들 자신의 경험으로도 받아들이길 원했다(삼하 1:18). 다윗 자신이 슬퍼하고, 다른 이들도 그 슬픔에 동참하게 했다. 다른 이들의 슬픔에 공감하는 것은 자신의 슬픔을 극복하는 데 큰 도움이 된다.

몇 년 전, 우리의 첫 "실패한 목회자 대회"가 열리기 전에 나는 스티븐 버렐에게 전화를 받았다. 예전에 목회자였던 스티븐은 다가오는 행사에 대해 나와 이야기하길 원했다. 그 행사에 대해 문의하는 목사들의 이메일과 전화에 줄곧 답해 왔지만, 이번에는 느낌이 달랐다. 스티븐의 이야기를 들을수록 그 말에 주의를 기울일 필요를 더 많이 느꼈다. 스티븐은 실패한 교회 개척자였고, 회복의 일환으로 목회학 박사 과정을 마치려고 신학교로 돌아갔다. 그의 논문 주제는 "도덕과 무관한 목회 실패"였다.

통화가 끝난 후, 친절하게도 스티븐은 자신의 논문 사본을 보내주었다. 그 뒤 며칠 동안 나는 그 논문을 열심히 읽었다. 그의 연구는 도덕과 무관한 실패에서 회복한 목회자들과 그러지 못한 목회자들의 패턴을 밝히고 있었다. 실패한 목회자들의 회복 패턴을 상세히 연구한 자료들이었다. 또한 비통한 과정을 거친 여러 목회자의 이야기를 포함하고 있었다.

우리 팀은 스티븐과 그다지 오래 알고 지내진 않았으나, 다가오는 행사의 강연자로 그를 초청했다. 그러나 강연료를 지불하긴 힘들다는 사정을 이야기했다. 과연 그가 초청을 받아들일지는 의문이었다. 행사가 바로 몇 주 앞으로 다가온 시점이어서 특히 그랬다. 며칠 뒤 스티븐은 초청을 수락한다고 우리에게 회신했다.

목회자 대회에서 연구 자료(특히 실패에 대한 연구 자료)를 발표하는 것은, 그리고 그런 나눔을 흥미롭게 진행하는 것은 힘든 일일 수 있다. 더욱이 대회 둘째 날 점심 식사 후에 스티븐의 시간을 끼워 넣은 것은 새로운 차원의 어려움을 무릅쓴 시도였다. 머리가 복잡한 상태에서 음식을 잔뜩 먹은 경우에 주로 그렇듯이 나른하며 정신적으로 지친 상태인 청중을 위해 나는 마음의 준비를 단단히 했다.

그런데 놀랍게도 스티븐은 연구 자료를 제시하지 않고 그 내용을 설교했다. 단순히 정보만 제시하는 시간이 아니었다. 그는 자신의 깊은 속내를 토로했다. 자신의 이야기를 나누어 참석자들에게서 깊은 공감을 불러일으켰다. 여느 때처럼 묻고 답하는 시간이 이어졌지만, 허용된 시간이 훨씬 지나도 질문이 이어졌다. 목사들은 연구 내용을 이야기해 준 스티븐에게 깊은 감사를 표했다. 그의 발표가 대회 일정에서 가장 의미 있었다고 말하는 사람이 많았다. 어떤 이들은 여러 해 동안 숨겨온 자신의 삶의 영역을 스티븐이 노출시켜주었다고 말했다. 목사들은 스티븐의 이야기와 그가 인터뷰한 여러 사람에 대한 이야기에 깊이 공감했다.

차질과 장애, 실패에 어떻게 반응하느냐는 매우 중요하다. 다음 두 장에서 스티븐과 나는, 목회자들이 잿더미에서 일어나 건강과 치유를 경험하는 회복 과정에서 어떤 패턴을 보여주었는지 나눌 것이다. 우리는 어떻게 목회자 자신이 실패한 부분을 철저히 자백함과 아울러 자신의 탓이 아닌 부분을 툭툭 털어버렸는지를 설명할 것이다. 당신이 목회 실패를 경험하고 있다면, 우리가 나누고자 하는 내용이 당신의 회복 여정에 대한 소망을 제시하길 원한다.

스티븐의 경우, 지난 5년 동안 주일 아침에는 늘 같은 패턴이 이어졌다. 식구들 모두 일찍 일어나 분주한 하루를 준비했다. 그는 북부 댈러스에서 조그맣게 교회를 개척했다. 작은 교회를 개척하는 일은 엄청난 시간과 에너지가 든다. 매주 지역 초등학교에서 모였기 때문에, 주일마다 예배를 위해 필요한 것들을 설치했다가 몇 시간 후에는 모두 철거해야 했다. 힘들지만 기운을 돋우는 작업이었고, 온 식구가 목회의 모든 측면에서 힘을 보탰다. 멋진 일이었다.

그러나 어느 주일 아침은 달랐다. 스티븐은 침대에 누워 있었고 집안도 조용했다. 그는 갈 데가 없었다. 서둘러 준비할 것도 없었다. 분주히 뛰어다닐 필요도 없었다. 당시의 경제 침체는 교인들의 헌금마저 힘들게 했다. 설상가상으로, 교회 중직자들은 모임을 중단하고 다른 지역 교회에 흡수되기로 결정했다. 그의 마음과 영혼을 쏟아 부은 교회 개척이 실패로 끝난 것이다. 평생 섬기기를 원한 교회가 이제 더 이상 존재하지 않았다. 2년 동안 꿈꾸며 계획했고 5년 더 열정적으로 일해 왔으나, 그 꿈이 사라졌다. 그는 사역도, 직업도 잃었다.

스티븐은 자신이 해온 모든 일을, 잘되었던 일과 잘못되었던 일을 전부 생각해 보았다. 댈러스로 이주하게 된 과정, 가족이 보여준 우애와 결심, 그들이 느낀 재정적 스트레스, 그들이 견뎌야 했던 정신적 피로를 곰곰이 회고했다. 화가 나기 시작했다. 스티븐은 화를 잘 내는 성격이 아니었지만, 그날은 달랐다. 화를 내는 것이 당연하다고 생각했다. 자신의 미래 계획을 놓고 하나님과 협상하기 시작했다. 어떻게 하나님이 그를 부르신 후에 그토록 비참한 실패를 허용하실 수 있을까? 과연 그가 다시 하나님을 신뢰할 수 있을까? 다시 사람들을 신뢰하며 사랑할 수 있을까? 그가 또 다른 교회를 이끌 수 있을까?

스티븐은 다시는(적어도 같은 방식으로나 같은 깊이로는) 사람들을(또는 그 점에 대해서는 하나님마저) 신뢰하지 않기로 결심했다. 또 다른 실패의 상처와 수치를 견딜 수 없었고, 견디고 싶지도 않았다. 하나님이 그를 목회로 부르셨을 수 있지만, 앞으로 그는 하나님께 순종하되 자신이 그 한계를 정할 생각이었다.

다행히도 그날 아침, 성령께서 그에게 임하셨다. 한바탕 흥분과 불평이 지나갔을 때, 스티븐은 두 가지 중요한 사실을 깨달았다. 하나님은 어떤 목회 영역으로든 그를 부를 권한을 지니셨다. 또한 스티븐은 다시 목회를 시작할 만한 상태가 아니었다(적어도 조만간에는 다시 시작하기가 힘든 상황이었다). 그는 화나고 비통하고 상처를 입었다. 교회를 이끌 수 있는 상태가 아니었다. 자신을 지탱하기도 힘들었다.

회복의 일환으로 스티븐은 다음 18개월을 학습과 자기점검, 연구와 인터뷰에 할애했다. 이런 노력에서 그 논문이 나온 것이다. 그는 미국 전역의 목사, 찬양 인도자, 복음전도자, 교회 개척자, 그리고 각계각층의 여러 지도자와 대화했고, 그들에게 간단한 질문 하나를 넌졌다.

"도덕과 무관한 사역 실패에서 어떻게 회복하셨죠?"[1]

죽음보다 고통스러운

중대한 실패가 종종 슬픔을 동반한다는 사실에 학자들은 동의한다.[2] 중대한 실패(예를 들면, 교회 문을 닫는 것과 같은)를 겪은 이들은 깊은 슬픔을 경험한다. 실패의 슬픔이 워낙 깊으므로, 목사들은 죽음보다 더한 느낌이라고 말한다. 버지니아에서 개척한 어느 목사는 자신의 가족과 목회에 대한 이야기를 꺼냈다. 그런데 우리가 그의 교회 개척 실패에 대해 이야기하자, 그의 표정이 변하고 목소리에 힘이 없어지고 발걸음이 느려졌다. 그 뒤로는 아무 말도 하지 않았다. 교인들에 대해(냉혹한 관계, 고된 업무, 위험 부담 등에 대해) 이야기할 때는 자신에게 목회 실패는 자녀의 죽음보다 더 고통스러웠다고 말했다. 이 말이 과장된 것으로 들릴 수도 있지만, 그의 증언은 다른 이들의 반응을 통해서도 입증된다.

스티븐의 연구는 슬픔을 회복하는 단계들을 통해 실패 경험을 추적했다. 물론 그 과정에 고정된 순서가 있는 것은 아니다. 우리의 회복 과정은 다른 순서를 따를 수 있으며, 어떤 단계들은 건너뛰기도 하고 한두 단계에서 많은 시간을 보내기도 한다.

1단계 부정_ 활기차고 고무적인 부활절을 지낸 뒤 예배 담당 목사가 담임 목사 사무실로 들어섰다. 둘은 주일에 드린 멋진 예배에 대해 이야기를 나눴다. 담임 목사는 성가대와 찬양, 전반적인 예배 환경도 좋았다고 말했다. 화기애애한 분위기로 이야기를 나누다가 담임 목사는 예상외의 말을 꺼냈다. 교회 지도자들이 다른 방향으로 가기로 결정했다는 것이다. 그날, 예배 담당 목사는 실직했다. 그는 도무지 생각을 정리할 수 없었다. 그의 재능과 역량을 인정하는 말을 하고 나서 어떻게 곧바로 해고를 통지할 수 있단 말인가? 그는 정신이 아찔해졌고 깊은 불신에 사로잡혔다.

한 교회 개척자는 온갖 우여곡절 끝에 마침내 탄력을 얻어 성장을 경험했다. 교회가 꾸준히 성장하고 있었지만 여전히 교단의 재정 지원이 필요했다. 그 목사는 소망하는 마음을 품고 보고회에 참석했다. 그런데 교단 지도자들은 3년 동안 돈이 너무 많이 들어가서 지원을 중단하기로 결정했다. 외부 지원이 없으면 그 교회는 문을 닫아야 했다. 목사는 혼란과 낙심, 불신에 사로잡힌 채 보고회 자리를 떠났다.

이 이야기들은 슬퍼하는 과정의 첫 단계 "부정"을 보여준다. 이 단계에서는 사실 진위에 대한 판단이 유보되고, 마치 마비된 느낌을 받는다. 다음과 같이 질문할 수 있다. "어떻게 내게 이런 일이 일어날 수 있을까? 그가 정말 그렇게 말했을까? 이게 꿈인가? 이것이 사실일 수 있을까? 내가 방금 해고당한 건가? 이제 교회 문을 닫는 것인가? 내 꿈은 끝장난 것인가?"

부정은 여러 형태로 표현될 수 있다. 예를 들어, 어떤 목사는 자신의 무능함을 직면하고 싶지 않기 때문에 목회 평가를 거부할 수 있다. 또 어떤 목사는 결혼관계가 약화되었거나 자녀들이 반항하는 현실을 무시할 수 있다. 목회 실패의 부작용을 부정하는 것이다. 그런가 하면 도덕과 무관한 실패를 겪은 후에 슬픔의 부정적인 영향을 부인할 수도 있다. 부정하는 것이 의식하는 것보다는 훨씬 덜 고통스럽다. 그러나 부정하는 상태에 계속 머물면, 우리는 자신 속에 감금되고 만다.[3] 대부분의 목회자는 목회 실패에 직면할 때 처음에는 크게 충격을 받는다. 그러나 부정이 오래 지속되는 경우는 드물다. 충격의 후유증이 지속될 수 있지만, 마침내 부정은 다음 단계로 넘어간다.

2단계 분노_ 슬픔의 감정이 자라면, 두 번째 단계인 "분노"가 시작된다. 우리는 누군가가 우리에게 큰 해를 가했다고 믿는다. 분노를 자연스럽게 정당화하는 반응을 보인다. 갑자기 해고된 목사가 자신이 겪은 분노를 나눈 적이 있다. 그와 그의 가족이 함께 저녁 시간을 즐기고 있을 때 예전 교회의 지도자와 마주쳤다. 그 사람을 보는 것만으로 지난 3년간의 분노가 다시 솟구쳤다. 그 목사의 생각은 예전 사무실로 향했고, 배신과 고통, 당혹스러운 감정이 다시 떠올랐다. 그는 분노의 함정에 갇혀 있었다. 그러나 분노가 언제나 죄의 표현인 것은 아니다. 분노는 부당한 상실에 대한 자연스런 반응이다.[4] 우리가 상실한 것을 얼마나 사랑했는지를 보여주는 표현일 수 있다.

　슬픔을 연구하는 사람들에 따르면, 슬퍼하는 사람의 분노 대상이 반드시 상황이나 사람, 사건과 연관되는 것은 아니다. 슬픔이 합리적이거나 논리적이지 않을 수도 있다. 그 대상이 리더십 팀보다는 경비원일 수도 있다. 마치 암 환자가 진단을 내린 의사에게 책임이 있다는 듯이 의사에게 화를 내는 것과 같다. 심지어 우리는 아무런 책임이 없는 자녀에게 분노를 터트릴 수도 있다.

　목회자들이 자신의 결함(실제적인 것이든 상상에 의한 것이든)을 비난할 수도 있다. 기도에 응답해 주시지 않는다거나 특정한 방식으로 역사하시지 않는다며 하나님을 비난할 수도 있다. 그들은 하나님이 다른 사람들을 편애하신다거나 특정한 약속을 이행하시지 않는다고 생각할 수 있다. 심지어 특정한 역량이 부족하다거나 영적 결함이 있다며 배우자를 비난할 수도 있다. 애당초 목회 비전을 지지해 준 사람들에게 화를 내기도 한다. 초기 후원자들이 이제 후원하거나 도와주지 않는다며, 또는 처음에 자신에게 비전을 제시했다며 비난할 수도 있다. 실패한 목사가 협력자나 임직원의 결함을 비판하기도 한다. 정부, 교단 지도자, 교인, 장로, 문화, 불신자들, 심지어 알 수 없는 장애 요인이 분노와 비난의 대상이 될 수도 있다. 그는 비합리성을 상식으로 여긴다.

그 때문에 목회자의 가족이 고통당할 수 있다. 목회자 자신의 슬픔이 하나님과 다른 이들에 대한 적대감으로 굳어지면서 그 슬픔의 깊이를 인식하지 못할 수 있다. 목회자들이 건강한 심령을 유지하려면 이 단계에 머물러선 안 된다. 그들이 분노 상태에 머물며 용서하길 거부한다면, 이 분노가 다음 목회에서 파괴적인 기초를 형성한다.

비록 많은 목회자가 분노를 경험하지만, 거기서 빠져나오려면 반대편으로 계속 나아가야 한다. 자신의 가족을 부양하고, 일을 계속해야 한다. 마음속에서 곪고 있는 분노에 몰두하지 말고 장래를 생각해야 한다. 어떻게 돈을 벌 것인가? 어디서 살 것인가? 어디서 일할 것인가? 어느 교단을 섬길 것인가? 이 힘든 질문에 답하려고 노력하는 동안, 그들은 또 다른 단계, 즉 "협상" 단계로 들어간다.

3단계 협상_ 협상은 과거의 혼란을 처리하고, 삶의 질서를 회복하며, 실패의 고통을 다시 겪지 않으려는 시도다. 우리는 자신의 장래와 관련하여, 때로는 목회 재개와 관련하여 하나님과의 협상을 모색한다.

- "하나님, 교인 수가 500명 미만인 교회에서는 일하지 않겠습니다."
- "하나님, 다시는 겸직하지 않을 것입니다."
- "하나님, 선교 사역 말고는 무엇이든 하겠습니다."
- "하나님, 충분한 사례비가 필요합니다."
- "하나님, 청소년 사역이 끝났습니다. 이제 리더 역할만 받아들이겠습니다."

개인 상황에 따라 조건은 다르겠지만, 하나님과 더불어 협상하려는 성향은 공통적이다. 협상은 어떤 식으로든 하나님을 통제하려는 시도다. 그러나 협상의 보편적인 특성은 불만족이다. 예를 들어, 충분한 사례비를 구하는 목회자는 건강에 좋은 환경, 더 많은 회중, 따뜻한 기후, 호의적인 교회 위원회도 원할 것이다. 어떤 목사는 이해심 많은 담임 목사나 효과적인 사역을 다른 여러 조건과 함께 요구할 것이다. 마치 미끄러운 경사면처럼 협상은 결코 끝나지 않는다. "좀 더 많이, 좀 더 다르게, 한 가지 조건만 더"라고 요구한다.

그러나 하나님이 결코 성장하지 않고 모든 사람에게 미움 받는 사역으로 당신을 부르셨다면 어떻게 하겠는가? 받아들이겠는가? 하나님이 오직 그분의 이름을 높이기 위해 당신이 특정한 곳에서 섬기기를 원하신다면 어떻게 하겠는가? 그것으로 충분하겠는가? 같은 실패를 다시 견딜 수 있겠는가?

하나님은 이스라엘이 영적으로 엄청난 결핍에 처한 상황에서 구약 선지자 에스겔을 사역자로 부르셨다(겔 2:3). 이스라엘 역사에서 당시 이스라엘은 하나님에게 반역하고 있었다. 진리에 대한 요구가 절실했다. 그때 하나님이 에스겔을 택하셨다. 아주 좋은 기회였다. 꿈의 사역이었다. 하나님이 친히 그를 택하셨다. 그러나 그 사역의 결말은 예고되었다. 에스겔은 하나님의 기대와 이스라엘의 결핍 상태를 이해했다. 하나님은 그에게 이렇게 말씀하셨다. "그러나 이스라엘 족속은 이마가 굳고 마음이 굳어 네 말을 듣고자 아니하리니"(겔 3:7). 그리고 계속해서 "그들이 듣든지 아니 듣든지 그들에게 고하여 이르기를 주 여호와의 말씀이 이러하시다 하라"고 말씀하셨다(11절). 하나님은 에스겔을 사역자로 부르셨지만, 아무도 그의 말을 듣지 않을 거라고 말씀하셨다. 에스겔은 이스라엘의 반응과 상관없이 하나님의 메시지를 전해야 했다.

성공에 대한 오늘날의 정의에 따르면, 에스겔은 실패자로 부르심 받았다. 어떻게 그 부르심을 받아들일 수 있었을까? 적대적인 반응에도 에스겔은 무엇 때문에 계속 메시지를 전할 수밖에 없었을까? 이 물음에 대한 대답은 다른 성경 기자들의 태도에서 발견할 수 있다. 신약성경 기자들은 종종 자신을 종이라 지칭한다. 종은 자신이 먼저 무슨 일을 할지 하지 않을지를 주인에게 말하지 않으며, 일하는 기간이나 조건을 결정하지 않는다. 특정한 임금, 작업 환경, 지역, 나라, 동료, 직함을 요구하지도 않는다.

인터뷰 과정에서 상처 입은 목회자들은 장래에 대해 협상하려는 성향을 보였다. 한 예배 담당 목사는 지금 사역하지 않고 있다. 그가 요구하는 교회 유형 조건, 특히 특정 교단과 사역 지역에 대한 조건을 하나님이 들어주지 않으셨기 때문이다. 또 어떤 목사는 특정한 직함과 직무 기술서를 요구했다. 현재 그는 목회에 전념하지 않는다. 반면, 20년 전 사임을 강요받은 어느 목사는 현재 자신이 원하던 사역지에서 수천 킬로미터 떨어진 교회에서 사역하지만 큰 결실을 거두고 있다.

하나님과 협상하려는 시도에서 우리의 조건을 내세울 수 있지만, 하나님은 대부분 우리의 요구를 만족시키지 않으시며 그럴 필요도 느끼지 않으실 것이다. 예레미야는 도중에 다른 사역을 원했다. 그러나 하나님은 같은 사역을 하도록 그를 돌려보내셨다. 요나의 협상은 받아들여지지 않았다. 그러나 여러 면에서 우리는 에스겔, 예레미야, 요나의 심경을 잘 이해해야 한다. 슬픔과 치유의 과정은 "내가 바로 요나다"라고 분명하고 겸손하게 인정하는 것일 수 있다. 하나님이 우리가 원하는 때와 방식으로 우리 기도에 응답하지 않으실 때, 우리가 도덕과는 무관한 실패에 직면했음을 알게 될 때, 우리는 다음 단계로 들어선다.

4단계 우울_ 우울은 슬픔의 자연적인 결과물이다. 이것은 정신 질환의 신호지만 상실에 대한 적절한 반응이기도 하다.[5] 사실, 그런 상황에서 어떤 형태의 우울도 경험하지 않는 것이 오히려 이상하다.[6] 우울은 깊은 슬픔이다. 바로잡아야 하거나 벗어나기를 기대해야 하는 것이 아니다. 도덕과 무관한 실패를 당한 목회자는 힘내라거나 웃어보라거나 긍정적으로 생각하라는 격려가 필요한 것이 아니다. 여러 면에서 진부한 말이나 상투적인 반응은 상심과 고통을 더할 뿐이다.

목회자를 격려하려는 (좋은 의도이긴 하나) 몰이해한 시도는 종종 우울을 악화시킨다. 사랑하는 사람과 사별했을 때에는 가족과 친구들이 말을 조심하지만, 도덕과 무관한 실패로 슬퍼하는 자들에게는 신중하지 못한 경우가 종종 있다.

가장 친한 친구의 아내가 죽었다고 상상해 보라. 당신은 이 친구를 결혼 전부터 알았고 이들 부부와 가까이 지냈다. 심지어 그 아내를 위해 친구와 함께 기도했다. 여러 달에 걸친 기도에도 아내는 세상을 떠났다. 멀리서 오느라 당신은 입관식에서 친구를 처음 본다. 당신은 관의 머리 쪽에 서 있는 그에게 다가간다. 눈이 붓고 충혈되었다. 탈진한 것처럼 보인다. 친구와 눈이 마주치자 가슴이 먹먹해진다. 그에게 위안과 치유의 말이 필요함을 당신은 안다. 그래서 이렇게 말한다. "이봐, 자넨 젊어. 여자는 얼마든지 많아. 사실 그리 좋은 아내도 아니었잖아. 슬퍼하지 말고 힘내. 자넨 다른 사람을 만날 수 있을 거야."

이런 말을 한다면 비난받을 것이다. 그러나 실직하거나 교회 문을 닫은 목사를 위로한답시고 이와 비슷한 말을 하는 경우가 있다. 도덕과 무관한 실패를 겪고 있는 목회자에게 사람들은 전혀 부적절한 말을 한다. 어떤 이들은 목사가 느끼는 슬픔의 깊이를 인식하지 못한다. 또는 인식하더라도 어설프게 끼어든다. 사역처가 좋지 않았다느니, 교회는 얼마든지 많이 있다느니, 다른 교회를 찾아보면 되니 힘내라느니 하며 격려한다. 사실일 수도 있지만, 이런 말은 적절하지 않고 귀에 거슬리며 도움도 되지 않는다.

불행하게도, 도덕과 무관한 실패의 슬픔을 겪는 지도자에게 부적절하며 몰이해한 말을 하는 사례는 드물지 않다. 어떤 사람들은 성령의 역사를 분별하는 목회자의 역량, 하나님을 향한 마음, 지도자로서의 성품과 역량을 문제시한다. 어떤 이들은 아직 준비도 안 된 상태에서 목회자를 또 다른 사역으로 밀어 넣으려 한다. 그런가 하면 때로 로마서 8장 28절을 인용하면서 목사더러 행복한 미소를 짓도록 독려하는 이들도 있다.

목사가 슬퍼한다고 해서 로마서 8장 28절의 진리를 거부하는 건 아니다. 그는 큰 상실에 따른 정상적인 감정을 경험하고 있다. 이러한 우울의 감정은 슬픔의 종착지가 아니라 한 단계일 뿐이다.[7] 슬픔의 앞 단계들과 마찬가지로, 큰 상실감에 빠진 사람도 우울한 감정에 사로잡힐 수 있다. 그러나 부정이나 흥정, 분노가 감정적 종착지가 될 수 없듯 우울도 마찬가지다. 그는 슬픔의 마지막 단계로 나아가야 한다.

5단계 수용_ 이 주제는 10장에서 자세히 다루겠지만, 여기서도 언급할 필요가 있다. "수용"이 무엇을 뜻하는지 이해하는 것도 중요하다. 수용은 실패를 즐거워하는 감정이 아니다. 실패를 즐거워하는 것은 망상적이거나 자학적이거나 기만적이다. 수용이란 고통스럽지만 주어진 상황과 결과를 하나님 계획의 일부로 인정하고 포용하는 것이다.

이 단계에서는 더 이상 화내거나 하나님과 협상하려 들지 않는다. 상심하지도 않는다. 회복 과정에서 자살까지 생각했던 텍사스 주 출신의 한 목사는, 유사한 시련이 하나님을 가까이 하게만 해준다면 그 시련 또한 기꺼이 감수할 거라는 결론에 이르렀다. 제법 긴 기간에 걸쳐 이 목사는 슬픔의 과정을 거쳐 수용 단계에 이르렀다.

슬픔의 처음 네 단계가 유동적인 반면 수용 단계는 정적이다. 일단 이 지점에 이른 사람은 자신의 실패를 돌아보고, 자신을 고통스럽게 한 사람들을 용서하며 기쁨을 경험한다. 태평양 연안 북서부의 한 목사는 젊은 시절에 교회에서 사역한 경험을 나누었다. 신실한 사람들의 조언에 힘입어 그 교회에 들어갔지만, 몇 년 후 몇몇 지도자가 그를 내보내기로 결정했다. 심각한 교회 내분을 겪은 후, 그 목사는 낙심한 채 사임했다. 그는 고통스러워하며 하나님의 부르심에 의문을 제기했고, 자신의 삶의 목적을 깊이 숙고했다. 과연 자신이 다시 목회를 할 수 있을지 의문을 품었다. 자신이 겪은 부정, 분노, 협상, 우울, 그리고 결과적인 수용을 하나하나 설명했다.

현재 그는 뉴잉글랜드의 안정적이며 건강한 교회에서 목회한다. 그 후 얼마 지나지 않아 그는 중서부에서 개최된 어느 대회에 참석했다가 예전 교회에서 그에게 심한 상처를 준 사람과 우연히 마주쳤다. 두 사람은 따뜻한 대화를 나누고 헤어졌다. 그 목사는 자신이 모든 분노에서 완전히 자유로워진 것을 알았다. 이제는 슬픔이나 분노를 품고 있지 않다. 하나님의 은혜로 수용 단계에 도달한 것이다.

실패를 경험한 또 다른 목사는 거의 이혼할 뻔한 이야기를 들려주었다. 그의 아내는 심한 스트레스와 외로움에 상심하여 달아날 생각을 품었다. 교회 개척을 시작할 무렵에는 다들 그가 성공할 거라고 말했다. 그의 가족도 지지했고, 그를 파송한 교회에서는 그의 재능을 자랑했다. 소속 교단도 그를 후원했다. "교회를 개척할 수 있는 사람이 있다면 목사님이 바로 그 사람입니다"라고들 했다. 그가 그 교회를 떠난 것은 개척 실패 때문이 아니라 사생활이 엉망이 되었기 때문이다.

그는 자신이 겪은 부정, 분노, 우울에 대해 얘기했다. 결혼생활과 목회를 회복하기 위해 거친 단계들을 언급했다. 하나님이 그의 삶에서 더 나은 목회의 길을 보이려고, 그리고 그의 결혼생활을 회복시키려고 어떻게 실패를 이용하셨는지 나누면서 그는 인터뷰를 마무리했다. 그는 고통을 행복인 양 가장하지 않았고, 현실을 직시하는 가운데 참된 평안의 자리에 도달했다. 하나님의 부인할 수 없는 역사를 통해, 그는 수용의 지점에 이르렀다.

  슬픔의 과정을 통과하는 것은 몹시 고통스러울 수 있다. 그러나 건너편에 도착하면 소망의 빛을 볼 수 있다.

09

재시작 : 스티븐 버렐 박사와 함께

다시 현장으로

모든 지킬 만한 것 중에 더욱 네 마음을 지키라 생명의 근원이 이에서 남이니라.
_ 잠언 4장 23절

온 세상이 시련으로 가득하다. 또한 극복으로 가득하다.
_ 헬렌 켈러, 『나의 인생 이야기』(The Story of My Life)

영적 탈피

가만히 있는 고통이 변화의 고통보다 클 때, 사람들은 변화한다. 실패는 마치 바닷가재가 평생에 걸쳐 경험하는 것과 비슷한 변화의 과정을 유발한다. 바닷가재는 자라기 위해 자신을 보호해 주는 딱딱한 껍질을 제거하고 새로운 껍질을 입는다. 탈피라 불리는 과정이다. 생의 첫 5년 동안 약 25회 탈피를 거치며 그 후에는 해마다 한 차례 탈피한다. 고통스럽고 성가시며 더딘 과정이다. 압력이 가해지면 껍질이 서서히 부서진다. 바닷가재는 비스듬히 누운 채 몸 전체의 근육을 구부려서 낡은 껍질을 제거한다. 그렇게 취약성을 드러내는 것이다.

바닷가재는 바다 포식자들의 공격에 노출될 수 있는데도 탈피 과정 없이는 자라지 못한다. 실패와 취약성은 그리스도인들에게 영적 탈피를 통한 성장과 성숙의 기회를 제공한다. 탈피 중일 때 우리는 위험한 환경에 노출됨을 예리하게 자각한다. 그러나 탈피 없이는 현재의 껍질 속에 영원히 머물며 성장을 멈출 것이다.[1]

슬픔의 단계와 회복에 대한 연구에 이어, 스티븐은 도덕과 무관한 실패에서 회복된 목회자들을 계속 인터뷰했다. 그는 실패에서의 회복과 관련된 자신의 결론을 검증하길 원했다. 실패한 목사들이 부정에서 수용으로 전환하도록 도와줄 패턴을 찾고 싶어했다. 그는 큰 상심과 부당한 처우를 당하고서도 다시 목회를 시작하기로 결심한 사람들을 관찰했다.

실패하고 상처 입은 목회자들의 지혜

스티븐은 각 인터뷰 끝에 마지막 질문을 던졌다. "비슷한 상황에 직면한 사람들에게 어떤 지혜를 나눠주고 싶은가요?" 그는 근본적인 문제를 다루고자 했다. "도덕과 무관한 비슷한 실패를 겪은 목사에게 어떻게 멘토 역할을 할 수 있을까? 상처 입은 목사에게 어떻게 다음 번 목회를 준비하게 할까?" 이 물음에 대한 대답들을 모은 후, 스티븐은 몇 가지 방법을 찾아냈다.

경험을 나누라. 회복한 목회자들은 슬픔 회복 과정에서 다른 누군가와 함께했다. 어떤 이들은 실패와 회복에 대해 나누면서, 자신을 떠난 친구들을 언급했다. 고립, 혼란, 상심, 슬픔, 비통함, 분노를 떠올렸다. 그들은 상심을 극복하도록 도와줄 가까운 동료가 필요했다고 말했다. 실패를 극복하고 회복하는 과정에서 인간관계가 중요하다고 했다.

안내자를 확보하라. 이 목회자들은 코치나 멘토와 함께 슬픔을 극복하는 것이 매우 중요하다고 말했다. 코치나 멘토는 몇 가지 중요한 자질을 지니고 있다. 첫째, 그는 목회와 목회에 따르는 현실에 대해 폭넓은 지식을 지니고 있다. 종종 최선의 코치와 멘토는 목회를 했거나 여전히 목회하고 있는 사람이었다. 둘째, 상처 입은 목사를 코칭하는 것은 단기적인 일이 아니며, 멘토는 공허하고 상투적인 방안을 제시하지 않는다. 멘토나 코치는 예수님을 믿는 생기 있고 지혜로운 믿음을 지녔으며, 상처 입은 목사를 신실한 직무로 돌이키려는 의도에서 죄악 되거나 불건전한 사고 패턴을 기꺼이 지적한다.[2]

회복 과정에서 멘토의 역할은 매우 중요하다. 슬픔의 과정에 머물러 있는 목사들은 멘토가 없었다. 반면 연구 결과에 따르면, 코치를 받는 목사가 수용 단계로 나아가지 않은 경우는 없었다. 요컨대, 멘토나 코치를 찾는 일은 건강한 회복을 위해 필수적이다.

멘토나 코치와 관련하여 또 다른 중요한 자료가 있다. 멘토나 코치가 목회자의 배우자여서는 안 된다는 것이다.[3] 상처와 분노의 감정을 배우자에게 쏟아 붓는 목회자는 회복이 더딜 뿐 아니라 배우자에게도 깊은 상처를 주었다. 깊은 상처와 고통에 대한 이야기를 목사인 배우자에게 상세히 듣고 나서 그에게 다시 목회를 시작하라고 독려하는 사람은 거의 없었다.

코치나 멘토도 도움이 되지만, 어떤 이들에게는 상담가가 상처 치유에 더 큰 도움이 될 수 있다. 당신은 경청하고 기도해 주며 격려해 주고 심지어 당신을 바로잡아줄 사람이 필요하다. 지혜롭고 신뢰할 만한 친구들과 함께 처리해 나가는 것이 회복 과정에서는 매우 중요하다. 그런 친구를 찾을 수 없다면, 지혜로운 기독교 상담가를 찾으라(이 주제는 11장에서 더 논의할 것이다). 어떤 일이 일어나든, 당신의 상처에 대해 낱낱이 의논할 (배우자 이외의) 상대를 찾으라.

가족을 돌보라. 회복한 목회자들은 가족을 돌보는 일에 정성을 쏟았다. 여분의 시간을 가족과 함께하는 데 할애한 목회자가 많았다(의무적인 일들에서 벗어나면서 따른 유익이다). 산악 하이킹, 시내 산책, 야구 공 던지기, 영화 감상, 보드 게임 등 일정에 매이지 않고 느긋한 마음으로 단지 함께 있는 것만으로도 치유 환경을 조성해 주었다.

캔자스 주 출신의 한 목사는 여분의 시간을 이용하여 아내의 집안일을 도왔다. 느긋이 함께하는 귀중한 시간을 통해 그는 아내의 깊은 슬픔을 알게 되었다. 함께하는 여분의 시간을 사용하여 하나님은 그들의 결혼생활을 굳건히 하셨고, 남모르게 슬퍼하고 있던 그의 아내를 치유하셨다.[4]

슬퍼하라. 회복한 목회자들은 자신에게 슬퍼할 시간과 마음을 허락했다. 슬픔을 감추거나 단순히 견뎌내기보다는 자신에게 슬퍼하는 마음을 허용하는 것이 중요함을 강조했다. 한 목사는 자신의 고통과 상처, 상실과 분노를 멘토에게 거듭 토로했다고 회고했다. 멘토는 그 목사로 하여금 자신의 상처와 고통을 표현하며 그 실패를 슬퍼하도록 지혜롭게 허락했다. 그 목사는 슬퍼하면서 자신의 심령에 필요한 속도로 슬픔을 처리해 나갔다. 현재 그는 정서적으로나 영적으로 건강한 상태로 북동부의 한 교회에서 목회하고 있다.

회복한 목회자들은 고비를 넘긴 시점을 인식했다. 결국 고통이 가라앉을 것임을 감지한 시점이다. 그러나 이들은 긴 슬픔의 기간을 거쳤음을 인정했다. 간단히 말하자면, 슬퍼하며 울 자유를 자신에게 허락한 것이다. 회복 과정을 마라톤으로 보고 건강한 속도를 모색했다.

하나님을 추구하라. 회복한 목회자들은 위기의 골짜기에서 의도적으로 하나님을 추구하고 노력했다. 그곳에서 하나님이 그들을 만나주실 것을 기대했다. 거절과 상실의 고통이 몹시 커서 견딜 수 없을 때, 자신에게 아무것도 남아 있지 않다고 느낄 때, 그들은 하나님께 더 가까이 다가갔다. 분노, 비통, 부정, 협상의 깊은 어둠 속에서 그들은 회복의 길을 찾지 못했다. 유일하게 남은 것은 하나님께 가까이 나아가는 것이었다. 깊은 바닥에서, 그들은 그것이 회복을 위한 가장 의미심장한 요소임을 자각했다.[5]

네 가지 실천 사항을 실행하라. 회복한 목회자들은 회복하는 과정에서 필수인 네 가지 주요 리듬이 있다고 밝혔다. 전혀 새롭진 않으나, 그들은 이 리듬이 필수임을 확인했다.

첫째, 그들은 성경 읽기에 계속 몰두했다. 거의 공통적으로 이들은 정규적으로 성경 읽는 시간을 할애했다. 반면 교회 사역을 떠나거나 협상 또는 분노 단계에 머무른 목사들은 성경 읽는 시간에 대해 거의 할 말이 없었다.

둘째, 그들은 계속 기도했다. 그것은 카드에 손쉽게 적은 것을 읽는 기도가 아니었다. 재정적인 도움이나 직장, 누군가에 대한 복수나 응답을 구하는 기도도 아니었다. 슬픔의 초기 단계에서는 이런 내용도 기도에 포함되었겠지만, 그들의 기도 내용은 점차 바뀌었다. 그들은 긍휼과 사랑, 은혜와 용서를 가르쳐주실 것을 하나님께 간구했다. 진실성 없이 말만 번드레한 기도가 아니었다. 그들의 기도는 솔직하고 타당했다. 새로운 상황이나 현재의 위기, 오래된 대적들에 직면하여 하나님의 도우심을 구했다. 하나님께 용서하는 심령을 간절히 구했다. 과거의 사역 실패와 불확실한 장래를 놓고 솔직히 기도했다.

셋째, 그들은 침묵과 고독 속에서 의미 있는 시간을 보냈다. 홀로 하나님과 함께하는 시간에 회복 과정의 전환점이 마련되었다고 토로하는 목회자가 많았다. 그들은 침묵을 두려워하지 않았으며, 의도적으로 침묵의 시간을 마련했다. 상한 심령에게 말씀하시는 성령의 음성에 귀 기울이는 시간이었다.

넷째, 그들은 다른 교회의 예배에 참석했다. 지역 교회가 그들에게 깊은 고통을 안겨주었음에도, 회중의 일원이 되는 것은 회복을 도와주었다. 역설적이었다. 슬픔 가운데서라도 다른 교회에 출석하면 비통한 마음이 수그러든다. 회복한 목회자들은 회복 과정 동안에는 리더십 역할이나 예배 인도에 관여하지 말 것을 조언했다. 다만 정규적인 예배 참석의 중요성을 강조했다.

상처 입은 목회자들 가운데 거의 전부는 (자신의 감정 상태, 어색한 관계, 교회의 관례적 규칙, 예전 교회에서 직접 전달한 지시 사항 때문에) 예전 교회에 출석할 수 없었다. 그러나 다른 교회(때로는 다른 지역의 교회)를 찾는 것은 회복 과정에 도움이 되었다. 종종 우리는 이를 "우편번호가 다른" 공간이라 부른다. 이곳에서 목회자들은 자신의 신분을 노출하지 않고서 평범한 교인으로 되돌아갈 수 있다.

그들은 주일 예배 때 아무런 공식적 책임을 맡지 않은 채 뒷좌석에 앉아 하나님께 집중할 수 있었다. 몇몇 목사는 주일 오전에 하나님과 온전히 함께한 것이 몇 년 만에 그때가 처음이었다고 말했다. 슬픔 속에서 절실히 찾던 것을 바로 그때 얻었다고 말하는 이들도 있었다. 또 어떤 이들은 예배와 설교 중에 울었고 고통 중에 있는 그들에게 말씀하시는 하나님의 음성을 들었다고 말했다.

당신이 겪은 실패의 특성에 따라 다른 교회를 찾는 것이 매우 힘들 수 있다(목사로서 당신이 사역하지 않는 교회를 마지막으로 찾아본 것이 언제였던가?). 출석할 교회를 찾지 못한다면, 당신의 코치나 멘토가 출석하는 교회에 나가는 것이 지혜로울 수도 있다. 그렇게 할 수 없다면, 당신의 사정을 아는 목사가 시무하는, 그래서 당신에게 어떤 사역도 기대하지 않을 교회를 찾으라. 슬픔의 과정을 거치는 동안 당신 자신에게만 충실할 수 있는 교회를 찾으라.

이 네 가지 실천 사항에는 새로운 면이 전혀 없지만, 하나님은 실패한 목회자의 삶에서 이 방식을 거듭 사용하셨다. 연구 결과가 분명히 보여주듯이, 이 방식을 실행한 목회자는 수용 단계로 들어간 반면, 이를 거부한 이들은 현재 상태에서 헤어나지 못했다.

배우려는 자세를 취하라. 회복된 목회자들은 자신의 경험에서 배우기를 원했다. 슬픔의 시기에 많은 목회자는 교훈의 초점을 장래의 실패를 피하는 데에만 맞춘다. 그들은 다음 사항들을 알고 싶어한다. 1) 그들이 무슨 잘못을 범했고 어떻게 그것을 피할 수 있는지, 2) 누가 그들을 곤경으로 몰아넣었으며 그 사람들을 어떻게 피할 수 있는지, 3) 앞으로 누구의 조언을 결코 따르지 않을 것인지. 그들은 장래의 고통과 실패를 피하기 위해 리더십 훈련, 독서, 세미나와 대회 참석에 몰두한다. 과거의 실패에서 배우는 것은 좋은 일이나, 연구 자료에 따르면 그것이 슬픔에서 회복되는 필수 사항은 아니다. 건강해진 목사들은 성공과 실패의 참된 정의를 받아들이는 것과 상심과 고통에서 배우는 것이 더 중요하다고 말했다.

한 목사는 가족의 든든한 재정 지원으로 교회를 시작했다. 그의 아버지가 교회 개척을 도우려고 이주했다. 그러나 교회는 문을 닫았고 부자 관계도 나빠졌다. 아버지는 힘들다고 해서 교회 개척을 중단한 아들을 용서하지 못하고 있다. 이 목사의 고통스러운 경험은 성경적인 성공의 실체를 정확하게 다시 이해하는 데 도움이 되었다. 그는 자신의 사역을 하나님의 관점에서 보는 법을 배웠다. 리더십과 성공, 사랑과 목회에 대해 배운 교훈을 생각하면 고통스러운 경험을 할 만한 가치가 있었다고 그는 말했다.

상처 입은 목사가 상처 입은 다른 목사에게 제시하는 조언은 이렇다. 당신의 경험에서 배우라. 사후비판이나 실패 차단을 가르치는 쉬운 교훈이 아니라, 깨짐의 가치에 대한 깊은 교훈을 배우라.

미래를 바라보라. 회복한 목회자들은 소망으로 미래를 내다보았다 (비록 하잘것없어 보일지라도). 이들은 두 가지에 초점을 맞춰 미래에 대해 이야기했다. 첫째, 목회의 즐거운 부분에 초점을 맞추었다. 둘째, 장래에 하나님이 어떤 자격으로든 그들을 사용하실 거라는 인식과 믿음을 지녔다.

한 아프리카계 미국인 목사는 워싱턴 DC 인근에서 연속적으로 교회를 개척했다. 매번 많은 교인이 모이기를 바랐다. 총 네 차례에 걸쳐 개척할 때마다 아내를 설득하고 교단의 지원을 받았지만, 번번이 교회 문을 닫아야 했다. 낙담한 그 목사는 그것이 자신의 생애에서 가장 큰 고통이었다고 말했다. 매번 문을 닫게 된 이유를 그는 상세히 이야기했다. 그러면서도 다섯 번째 교회를 개척하기 시작했다. 비슷한 고통을 겪고 있는 목사에게 무슨 조언을 해주겠느냐는 질문에 그는 이렇게 말했다. "하나님은 당신에게 손을 떼지 않으셨다. 미래를 내다보라. 하나님은 당신을 버려두지 않으신다. 그분은 아직 당신과 할 일이 남으셨다. 당신을 다시 사용하실 것이다."

관찰 결과

인터뷰를 하는 동안 비슷한 면들이 부각되었다. 스티븐은 인터뷰를 마치고 공통적인 경험을 찾고자 그 내용을 분석하는 과정에서 몇 가지

뚜렷한 관찰 결과를 얻었다.

7-14개월의 회복 기간_ 슬픔의 단계를 통과한 목사들은 언제쯤 수용 단계에 이르렀는가 하는 질문을 받았다. 드문 경우지만, 어떤 목사들은 한 달 만에 슬픔의 단계를 통과했다. 그런가 하면 거의 2년이 걸린 이들도 있었다. 그러나 대부분은 회복하는 데 7-14개월이 걸렸다. 14개월 넘게 걸린 목사들은 슬픔의 단계들 중 하나에 오래도록 머물렀다. 일반적으로 슬픔의 단계를 지나는 데에는 최소한 7개월의 기간이 필요했다.[6]

이 기간은 상실을 슬퍼하고, 분노나 우울에 대항하고, 협상을 거치며, 하나님의 은혜로 수용하는 자리에 이르게 한다. 치유에 필요한 시간을 허락하는 것이다.[7] 유대교 의식에서 사랑하는 사람의 죽음을 슬퍼하는 기간으로 만 1년을 설정한 것도 우연이 아닐 것이다. 사임한 목사들이 특정한 사역을 계속 도와달라는 요청을 거부하는 것도 바로 이 때문이다. 많은 목회자가 이 기간 동안 교회 밖에서 직장을 구하는 것이 유익함을 발견했다. 그들이 목회를 곧바로 재개할 준비가 되어 있지 않았기 때문이다.

비그리스도인들과의 관계_ 가장 특징적으로 관찰되는 사항은 교회 바깥 사람들과 교제하는 것이었다. 목회자들이 자신의 회복과 목회 재개를 이야기할 때, 한 가지 공통된 사실이 있었다. 기독교 공동체와 다시 연결되기 전에 비그리스도인들과의 관계를 발전시킨 것이다.

워싱턴의 한 목사는 목재 공장에 취직하여 그곳 직원들과 함께 성경 공부를 시작했다. 중서부의 한 교회 개척자는 어느 해산물 식당에 취직하여, 비그리스도인 동료들과 더불어 많은 대화를 나누었다. 펜실베이니아 주의 한 목사는 큰 소매 체인점에서 일하면서 상품을 진열하거나 쉬는 시간에 동료들에게 자연스럽게 그리스도를 전할 기회를 얻었다.

이 목사들 중 일부는 지역 교회에 정규적으로 출석하지 않았다. 다른 그리스도인들과 전혀 또는 거의 교제하지 않은 목사들도 있었다. 역설적이게도 많은 목회자가 비그리스도인들이 더 정직하며 덜 비판적임을 발견했다. 어떤 목사들은 교회 사역을 생각만 해도 반발심을 느꼈다. 이 목사들이 다시 목회하게 된 것은 비그리스도인들과의 교제에서 시작되었다. 하나님은 목사들을 치유하는 데 창의적인 방법을 사용하시는 것 같다.

당신이 도덕과 무관한 실패로 고통당하는 목사를 코치하고 있다면, 그들을 지역 회중의 삶과 다시 연결시키려고 서두르지 않도록 주의하라. 그렇게 하는 것은 그들의 회복에 도움이 되지 않는 것 같다. 그들은 교회에 출석하긴 하지만, 자유 시간 중 많은 부분은 교회와 상관없는 사람들과 함께하는 데 할애되었다. 몇몇 목사는 지금까지와 달리 성경을 전혀 모르는 사람들로 구성된 소그룹을 인도할 기회를 모색했다. 이것은 매우 신선한 일이었다. 역설적이게도, 어떤 목사들에게는 비그리스도인들과 보내는 시간이 가장 감명 깊었다. 인터뷰에 응한 목사들 중 누구도 비그리스도인들과 가까이 교제한 이유를 설명하지 못했다. 사실, 교회 밖 사람들과 일부러 관계를 맺은 사람은 아무도 없었다. 그것은 단지 그들 이야기의 자연스런 일부일 뿐이었다.[8]

의미심장한 "하나님의 개입 순간"_ 많은 목회자가 회복 과정에서 경험한 독특한 사건(전환점)을 묘사했다. 바로 그들이 하나님의 부인할 수 없는 치유의 임재를 자각한 때다. 성령이 독특하고 은혜롭게 그들에게 임하여 결국 잘 될 것임을 격려해 주셨다. 우리는 이 경험을 "하나님이 개입하신 특별한 순간"이라 부른다. 이것이 가장 창의적인 표현은 아닐 수도 있다. 어떤 사람의 삶에 의미심장하게 개입하시는 하나님의 부인할 수 없는 손길을 어떻게 완벽히 표현할 수 있겠는가? 하나님은 이 목사들의 심령의 가장 깊은 부분을 움직이셨다. 잔잔하고 조용한 음성으로 그들의 깨진 심령에 건강과 치유의 기운을 불어넣으셨다. 하나님이 개입하신 순간부터, 그들은 수용 단계로 나아갔다.

한 목사는 길고 힘든 긴장의 시간을 보내다가 교회를 사임했다. 그는 그 교회를 사랑했고, 교인들에게 많은 시간과 에너지를 쏟아 부었다. 박봉을 받고 일했으며, 건강보험도 없이 지냈다. 그 결과 꼭 필요한 진료를 받지 못하여 건강을 해쳤다. 교회를 떠난 후에 그의 가족은 친척 집에서 살아야 했다. 그는 분노와 비통함과 협상의 단계를 거쳤다. "하나님이 개입하신 특별한 순간"을 경험하기 전까지는 몹시 고통스러워하고 있었다. 그러던 중 그는 댈러스에서 열린 한 집회에 참석했다. 집으로 오는 일곱 시간 중 여섯 시간 동안 울었다. 너무 오래 운 까닭에 공항에서 집까지 운전하기도 힘들었다. 상심하여 우는 중에 그는 하나님의 임재를 느꼈다. 마음 수술이었다. 하나님이 임하셨고, 그 목사는 모든 게 괜찮을 거라는 확신을 얻었다.

목재 공장에 취직한 목사도 "하나님이 개입하신 특별한 순간"을 경험했다. 어느 저녁, 그는 공장 문 앞에 서서 아름다운 산들을 내다보았다. 신학교 시절에 아내와 함께 품은 목회에 대한 꿈, 그리고 힘들었던 실패에 대해 생각하고 있었다. 교회에서 다시 사역할 것인지를 깊이 생각하던 중에 성령이 강력히 임하셨다. 작업실로 돌아가는 길에 모든 것이 괜찮을 거라는 생각이 들었다. 그가 용서하는 법을 배우게 되고, 하나님이 그를 다시 사용하실 거라는 생각이 들었다. 그 경험을 소상하게 묘사할 수는 없었다. 어떤 음성이 들리거나 환상이 보인 것도 아니었다. 할렐루야 찬양과 함께 환한 빛이 비취지도 않았다. 단지 하나님의 임재를 분명하게 자각했을 뿐이다.

"실패한 목회자 대회"에서 스티븐이 이 책 마지막 두 장을 요약하여 제시했을 때, 수십 년 동안 분노를 품고 있던 목사들이 용서하기 시작했다. 슬픔 속에 홀로 버림받았다고 느낀 지도자들이 하나님의 임재를 감지하고 상처 입은 다른 목사들과 함께 울었다. 하나님과 협상해 온 이들은 어떤 형태, 어떤 방향으로든 조건 없이 그리스도를 기꺼이 섬기기로 다짐했다. 스티븐과 나는 "하나님이 개입하신 특별한 순간"을 믿는다. 우리가 직접 목격해 왔기 때문이다.

신실하게 이 길을 걸으라. 다른 이들과 함께 슬픔을 견디라. 하나님이 무엇을 가르치고 계신지 배우라. 슬픔을 잘 처리하는 사람들 앞에는 기쁨과 의미, 강건함이 가득한 삶이 기다리고 있다.

목회,
성공은 없다

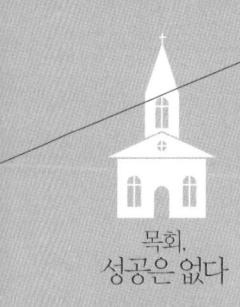

목회,
성공은 없다

4

앞으로 나아가라

수용 _ 우리의 상처에 입 맞추시는 하나님
리듬 _ 나아가기 위한 회복 연습

10

수용

우리의 상처에 입 맞추시는 하나님

대체로, 네가 진짜가 될 때쯤에는 …… 네 사랑스러운 털이 빠지고, 네 눈알이 떨어지고, 관절도 느슨해져서, 네가 추레해질 거야. 하지만 이런 건 전혀 문제가 되지 않아. 왜냐하면 일단 진짜가 되면 너는, 이해하지 못하는 사람들에게 외에는, 추할 수 없기 때문이야.

_ 조랑말 인형, 「벨벳 토끼 인형」(The Velveteen Rabbit)

그러나 무엇이든지 내게 유익하던 것을 내가 그리스도를 위하여 다 해로 여길뿐더러 또한 모든 것을 해로 여김은 내 주 그리스도 예수를 아는 지식이 가장 고상하기 때문이라 내가 그를 위하여 모든 것을 잃어버리고 배설물로 여김은 그리스도를 얻고 그 안에서 발견되려 함이니 내가 가진 의는 율법에서 난 것이 아니요 오직 그리스도를 믿음으로 말미암은 것이니 곧 믿음으로 하나님께로부터 난 의라 내가 그리스도와 그 부활의 권능과 그 고난에 참여함을 알고자 하여 그의 죽으심을 본받아 어떻게 해서든지 죽은 자 가운데서 부활에 이르려 하노니.

_ 빌립보서 3장 7-11절

아름다움과 깨짐

내 책상의 위 칸 서랍에는 녹색과 청색 스테인드글라스 네 조각이 들어 있다. 몇 년 전 아내와 나는 몇몇 젊은 교인들을 데리고 모잠비크의 마니카로 단기 여행을 다녀왔다. 이른 아침에 안내자들을 따라 우리는 어느 언덕을 걸어 올라갔다. 도중에 마을의 초가지붕을 지나서 버려진 한 건물에 이르렀다. 한때 번창했던 가톨릭 교회였음을 대번에 알 수 있었다. 그러나 그 건물은 더 이상 사용되지 않고 있었다. 신도석과 성찬대는 물론 모든 유물이 없어졌다. 흰 페인트칠이 벗겨지고 있는 시멘트 건물과 건물 네 모서리 부분에서 풍기는 고약한 짐승 분뇨 냄새만 남아 있었다.

유리창 아래에는 깨진 스테인드글라스 더미가 보였다. 아이들이 장난으로 유리창을 깨트린 것 같았다. 나는 그 조각 몇 개를 집어 여행 가방에 넣었다. 건물을 돌아가는데, 아직 유리창에 붙은 톱니 모양의 스테인드글라스 파편들이 햇빛을 받아 근사하게 번쩍였다. 비록 깨졌지만 굉장히 아름다웠다. 우리가 깨질 때에도, 우리 안에서 작용하는 어떤 것 때문에 우리는 아름다워질 수 있다.

우리는 큰 실수를 저지를 가능성이 많다. 자신이나 다른 이들에게 완벽을 요구할 때, 결국 우리는 환멸에 직면하게 된다. 삶을 비집고 들어오는 실패는 우리에게 결단을 강요한다. 우리는 비통해질 것인지, 아니면 실패를 성장과 성숙의 기회로 받아들일 것인지 결정해야 한다. 우리는 깨진 스테인드글라스다. 깨졌기 때문에 자신을 거부할 것인가, 아니면 깨진 상태를 포용하여 그 속에서 아름다움을 볼 것인가? 우리가 깨진 것을 숨긴다면, 그 아름다움은 발견되지 않을 것이다. 그것을 다른 이들과 더불어 소망의 자원으로 공유하지 못할 것이다.

벼랑 끝에서 얻는 축복

많은 기독교 지도자들은 갖가지 도움이 필요한 사람으로 여겨질까 봐 두려워한다. 우리는 받는 것보다 주는 것에 익숙해져 있다. 우리 발을 다른 이들에게 맡기기보다는 우리가 다른 사람들의 발을 씻겨주는 것이 훨씬 편하다. 어떤 상황에서 우리는 그 모든 일을 능히 해내는 슈퍼 목사이기를 요구받는다. 가정에 아무런 문제가 없고 언제나 즐겁고 자비로운 모습을 보일 것을 요구받는다. 그러나 복음 진리는 우리 모두가 많은 도움이 필요하다고 밝힌다. 우리는 영적으로 궁핍하다. 자신을 구원하지 못한다. 우리는 혼란을 조성하고 고통을 야기한다. 방황하며 길을 잃는다. 우리 자신에게서 우리를 구원하실 수 있는 하나님이 필요한 것도 바로 이 때문이다. 복음은 우리에게 도움이 필요하다고 선언한다. 그리고 우리는 그 복음을 받아들여 "나 혼자 힘으로는 이런 삶을 살 수 없어"라며 당당하게 선언한다. 의미와 목적이 있는 미래를 만들어나가기 위해서는 나 혼자 힘으로 부족하며 하나님의 도우심이 반드시 필요함을 시인하는 것이다.

팔복의 첫 행은 "벼랑 끝에 서 있는 너희는 복이 있다. 너희가 작아질수록 하나님과 그분의 다스림은 커진다"(마 5:3, 메시지)라고 말한다. 예전에 목사였던 바이런은 두 해 전에 매춘 혐의로 체포되었던 이야기를 들려주었다. 그 사건은 전국에 배포되는 신문 제1면 머리기사로 보도되었다. 그는 고통과 수치심을, 그리고 자신의 죄악 때문에 친구들과 전처, 자녀와 교인들에게 가해진 엄청난 고통과 피해를 상세히 이야기했다. 바이런은 이렇게 말했다. "그토록 많은 사람들을 괴롭혔던 고통과 피해를 깨끗이 제거할 수 있으면 좋겠습니다. 그러나 그 죄악은 내 인생에서 최선의 전환점이 되었어요. 그것이 나 자신의 마지막으로, 그리고 그리스도와 함께하는 삶의 시작으로 나를 이끌었기 때문입니다."

때로 우리의 실패는 심한 고통을 포함하지만, 언제나 죄를 수반하는 것은 아니다. 콜로라도 주에서 목회하는 샤우나는 "예전 교회에서 죄악의 충동을 버릴 수 있었던 것이 가장 귀한 일이었습니다"라고 말했다. 자신에게 많은 도움이 필요하다는 사실을 시인하는 것은 두렵지만 자유롭게 해준다. 이렇게 시인할 때 우리는 자유롭게 절망의 기도를 드릴 수 있고, 실패를 하나님 아버지와 깊은 관계 속으로 들어가는 입구로 여길 수 있다. 또한 우리가 진정으로 축복 받았음을 마음속 깊이 확신할 수 있다. 가장 깊은 의미에서 목회는 우리의 상처와 실패를 자신과 다른 사람들의 치유에 활용할 수 있다는 믿음과 연결된다. "익명의 알코올 중독자들"(Alcoholics Anonymous) 모임이 그토록 많은 사람에게 소망을 주는 것도 바로 이런 점에서다.

영적 와비 – 사비

우리의 깨짐을 참된 영적 돌파구의 기초로 받아들이는 것은 "와비-사비"(wabi-sabi)를 연상시킨다. 와비-사비는 의도적인 불완전성에서 아름다움을 찾는 일본의 예술 형식이다. 이 예술 유형은 불완전하고 깨진 것을 아름답게 여긴다. 일본식 깨진 스테인드글라스인 셈이다. 와비-사비의 특징은 불규칙, 투박함, 깨짐, 불균형이다. 이 예술 형식은 단순하지만 심오한 세 가지 사실을 인정한다. "지속되는 것은 없다." "완료되는 것은 없다." "완벽한 것은 없다."[1] 와비-사비 형식은 완벽한 불완전을 완벽하게 전달한다.

일본 전설에 따르면, 센노 리큐라는 젊은이가 "다도"라고 하는 정성스런 예법을 배우길 원했다. 그는 차의 대가인 다케노 조오를 찾아 갔다. 다케노 조오는 이 젊은이를 시험하기 위해 정원을 돌보게 했다. 리큐는 쓰레기를 치우고 땅을 쇠스랑으로 긁어 고르게 만들어서 정원을 흠 없는 상태로 만들었다. 자신이 한 일을 대가에게 보이기 전에 그는 벚나무를 흔들어 꽃잎을 땅에 떨어뜨렸다. 오늘날까지 일본인들은 리큐를 와비-사비의 진수를 이해한 인물로 존경한다. 사치와 장식, 풍부한 재료의 미학에 반발하여 15세기에 대두한 와비-사비는 소박함과 불완전의 미, 그리고 무엇보다 진정성을 존중하는 예술이다.[2]

예를 들어 흰 도자기 그릇이 깨지면, 접착제로 붙인 뒤 깨진 틈을 감추기 위해 흰색 광택제를 칠할 수 있다. 되도록 완벽하고 새것처럼 보이게 만든다. 그러나 동양에서는 깨진 틈과 불완전함을 강조하기 위해 그 부위에 금가루가 섞인 광택제를 칠하기도 한다. 그리스인들이 예술에서 완벽함을 소중히 여긴 반면에, 일본 문화에서는 와비-사비에서 불완전함의 미적 가치를 본다. 복음은 영적 와비-사비다. 와비-사비를 이해하는 것은 곤경에 처한 세상을 축복하기 위해 움푹 패고 깨진 사람들을 거룩하게 하시는 하나님의 손길을 포착하는 것이다.[3] 우리가 약할 때 하나님은 강하시다.

구약 선지자 이사야는 "그가 채찍에 맞으므로 우리는 나음을 받았도다"라고 말했다(사 53:5). 그분의 상처가 우리를 치유했다면, 우리는 엄청난 소망을 전달하는 자들이다. 그리스도를 통해 우리는 상처 입은 치유자가 된다. 우리가 가장 신실하게 세상을 돕는 길은 우리의 힘과 영예가 아니라 우리의 고통과 깨짐을 통해서다. 깨짐과 진정성이 하나님께 영광을 돌리고 사람들에게 영감을 불어넣는다.

크로노스와 카이로스

시간을 가리키는 헬라어는 두 가지다. 즉 "크로노스"(*chronos*)와 "카이로스"(*kairos*)가 있다. 크로노스("연대"를 뜻하는 영어 chronology가 이 단어에서 유래했다)는 구체적인 시각이나 시간의 길이(사건의 연속)를 말한다. 예를 들면, "화요일 오후 3시 45분" 같은 것이다. 그러나 카이로스는 질적인 시간을 말한다. 크로노스가 시계나 달력과 연관된다면, 카이로스는 어떤 순간이나 시즌과 연관된다. 카이로스는 어떤 가능성을 내포한 시간이다. 로렌스 커닝햄은 카이로스를 이렇게 설명한다. "이것은 결정적인 순간, 회심이나 헌신의 기회를 여는 순간이다 …… 그리스도 안에서 하나님이 우리에게 초청의 손길을 내미실 때마다 카이로스 순간이 일어난다."[4]

카이로스 시간은 좀처럼 모호하지 않다. 긍정적으로든 부정적으로든 우리 삶에 흔적을 남긴다. 카이로스는 깊고 지속적인 기억의 일부로 우리의 머리와 가슴속에 남아 있다. 우리 삶은 크로노스 시간으로 측정되지만 카이로스 시간으로 표시된다. 후자는 우리의 반응을 요구한다. 종종 성경 기자들은 크로노스가 아닌 카이로스 시간을 묘사했다. 그들은 시간보다 시기(timing)에 더 많은 관심을 가졌다.[5] 성경 기자들이 "크로노스"보다 "카이로스"를 거의 두 배나 많이 사용한 것도 놀라운 일이 아니다. 그러나 우리는 크로노스 시간에 지나친 관심을 기울이는 바람에 카이로스 순간들을 간과하기 쉽다.

우리가 하나님께 가장 집중하기 쉬운 때는 시련에 직면할 때다. 실패는 언제나 카이로스 순간이다. 실패는 어떤 형태든 시련을 수반한다. 우리 삶에서 경험하는 의미심장한 실패는 모두 카이로스 순간이다. 실패는 모진 시련의 경험이다. 그것은 도전이며 테스트다. 우리는 크로노스 시간 속에서 어떻게 카이로스 순간들에 응답할 것인가?

실패는 우리가 깨진 인생임을 상기시킬 뿐 아니라, 실패한 우리를 하나님이 무자격자로 배척하시기보다는 그 속에서 우리를 사용하실 수 있음을 상기시킨다. 지울 수 없는 깊은 깨짐을 이미 경험한 성숙한 지도자들은 다른 사람에게 인정받으려는 압박감을 느끼지 않는다. 깨지는 경험을 해본 목사는 수치심이 무엇인지 알며, 따라서 실패자로 보이는 것을 염려하지 않는다. 이것이 사실임을 우리도 알고 있다.[6]

현저한 카이로스 순간을 경험한 목사, 그리고 그리스도 안에서 수용의 단계에 들어간 상처 입은 목사들은 곤경에 처한 다른 사람들을 도울 수 있다. 상처가 그들을 목회와 단절시키지 않는다. 오히려 그들은 상처를 통해 배우고 성숙해지고 준비를 갖춘다. 여러 면에서 실패와 시련, 고통은 효과적인 목회를 위한 필수 과목이다. 이들은 그릇된 자아를 벗겨내고 참된 자아를 만나도록 도와준다. 이들은 타락한 세상에서의 삶과 목회를 위한 커리큘럼의 일부다.

용의 허물을 벗는 법

실패는 고통스럽지만, 때로는 치유가 훨씬 더 고통스러울 수 있다. C. S. 루이스가 쓴 『새벽 출정호의 항해』(The Voyage of the Dawn Treader)에서 우리는 치유의 고통을 엿볼 수 있다. 완고하고 이기적인 소년 유스터스는 어느 섬에 있는 자신을 발견한다. 비가 내리기 시작하자, 유스터스는 동굴에 들어가 잠이 든다. 잠에서 깨어난 그는 무언가 이상하다고 느낀다. 자신이 용으로 변한 것을 알게 된 것이다. 그는 두렵다. 다시 소년으로 돌아가길 원한다.

어느 날 저녁, 유스터스는 "나를 따라오라"며 그를 불러내는 아슬란의 음성을 듣는다. 용인 그는 어떤 사자도 먹어치울 수 있지만, 여전히 두렵다. 아슬란을 따라 한 웅덩이 곁에 이르자 자신의 상처 입은 다리를 씻고 싶어한다. 그러나 아슬란은 먼저 옷을 벗어야 한다고 말한다. 유스터스는 마치 뱀이 허물을 벗듯이 자신의 허물을 벗기 위해 발톱으로 자신을 할퀸다. 세 차례에 걸쳐 필사적으로 자신을 할퀴며 뜯지만, 매번 또 다른 단단한 허물 층과 마주친다. 그는 비늘 모양의 허물을 스스로 제거할 수 없음을 깨닫는다.

"내가 네 허물을 벗겨주어야겠구나." 아슬란이 그에게 말한다. 유스터스는 이렇게 회고한다.

나는 그의 발톱이 무서웠지만, 이제 거의 자포자기였다. 그래서 바닥에 등을 대고 납작 누워서 그에게 맡겼다. 그가 처음 손을 댈 때 너무 깊게 찢어서 마치 그 손톱이 내 심장에 닿을 것 같았다. 허물을 잡아당겨 뜯기 시작했을 때, 그 아픔은 내가 이제껏 느꼈던 그 어떤 고통보다 심했다. …… 결국 그가 허물을 벗겨내어(나는 나 자신이 벗기고 있다고 생각했다) 풀밭에 두었다. 몹시 두텁고 어둡고 혹이 많이 붙은 허물이었다. 나는 껍질 벗겨진 나뭇가지처럼 매끄럽고 부드러워졌다. …… 그가 나를 붙들어 …… 물속으로 던졌다. 잠시 욱신거리더니 피부가 말끔해졌다. 내가 물을 튀기면서 수영하기 시작하자마자 모든 통증이 사라졌다. 그때 나는 그 이유를 알았다. 다시 소년으로 돌아간 것이다.[7]

하나님나라에서는 죽음에 이어 부활이 뒤따른다.

우리 혼자 힘으로는 실패를 통과하지 못한다. 그리스도께서 우리의 허물을 벗겨주셔야 한다. 엄청난 고통에도, 우리는 다시 인간이 된다. 우리가 참된 치유를 받으려면 그리스도로 하여금 우리를 둘러싼 용의 허물을 제거하시도록 기꺼이 의지해야 한다. 그러나 계속 용으로 남아 있는 것이 더 좋다고 확신하는 사람이 많다. 그들은 그 단단한 껍질이

다시 상처받지 않도록 지켜줄 것이라고 생각하기 때문이다.

그러나 앞에서 설명했듯이, 우리가 고통을 마비시키면 다른 모든 것도 함께 마비된다. 그렇게 하면 우리는 인간 이하로 전락한다. 풀타임 목사, 파트타임 인간이 되는 것은 목사가 걸을 수 있는 가장 위험한 길이다. 이것은 실패로 향하는 확실한 길이다. 목사이기 전에 먼저 인간이어야 한다는 점에서 실패다.[8] 큰 희생의 대가로 제시된 예수님의 복된 소식은 용이 아닌 인간이 되라는 초청이다.

우리는 이 사실을 상기시켜줄 사람들이 필요하다. 때로 우리는 성령의 감동으로 이 사실을 깨닫는다. 성경 말씀에 설복되거나 위로 받는 경우도 있다. 신뢰할 만한 친구의 부드러운 격려나 직접적인 질책이 우리를 깨우치기도 한다. 이 모든 것이 하나님의 은혜로운 선물이다.

자신의 무능함을 인정하는 법

종종 우리는 탕자의 비유에 나오는 형과 같다. 의무감과 책임감에 이끌리는 것이다. 완벽주의와 성과주의가 우리의 DNA에 새겨져 있다. 점검되지 않으면, 자기 의에 사로잡힌 교만이 '하나님, 제가 주를 위해 행한 일을 보십시오'라고 속삭인다. 도덕적 의무와 영적 책임에만 몰두할 때, 나는 아버지 집에 살면서도 아버지의 사랑을 허비하는 탕자인 셈이다.

섬김을 받는 것이 힘들 수도 있다. 주로 다른 이들을 돌보는 일을 하는 목회자에게는 특히 그렇다. 다른 사람들이 우리 발을 씻어준다고 생각할 때 얼굴이 찡그러지는 이유는 무엇일까? 왜 우리는 씻김 받는 것보다 씻어주는 것을 더 좋아할까? 흔히 우리는 자신을 공급자와 종으로 여긴다. 다른 사람들이 우리 발을 씻어줄 때, 우리는 자신의 무능함을 인정하는 셈이라고 생각한다. 목회자만큼 이런 생각을 싫어하는 사람도 드물 것이다.

자신의 취약성을 인정하는 것은 큰 용기와 믿음이 필요한 일이지만, 자유에 이르는 비결이기도 하다. 우리는 자신의 무능함을 인정해야 한다. 하나님이 누구신지, 그분이 무슨 일을 행하셨고 무슨 약속을 하시는지 자각하여 자신이 누구인지를 솔직히 받아들여야 한다. 우리는 이 사실을 알고 있으며 또한 설교한다. 그러나 이 사실을 항상 뼛속 깊이 받아들이는 것은 아니다.

실패에 직면할 때 우리는 혼자 힘으로 자신을 다잡으려고 시도하는 유혹, 그리고 다음번에는 더 열심히 노력하려는 유혹을 받을 수 있다. 자기만족과 영적 전문가 기질이라는 망토에 싸인, "더 열심히만 하면 된다"는 심리는 우리를 끝없는 악순환으로 몰아넣는다. (경건과는 구분되는) 뜨거운 종교심이 종종 목사들을 파괴한다.

이런 종교심을 가리켜 달라스 윌라드는 "죄 관리의 복음"이라 부른다.[9] 진정한 자유의 자리로 나아갈 때, 우리는 문제를 더 단단히 붙드는 것이 아니라 거기서 손을 뗀다. 이것은 무관심한 단념이 아니라 적극적인 놓아줌이다. 우리 스스로 행하려는 시도에서 손을 떼는 신실함의 표현이다. 자신을 통제하려는 시도에서 손을 뗄 때, 우리는 교인들을 통제하려는 시도에서도 손을 뗄 수 있다. 여기에 우리를 자유롭게 하는 복된 소식이 있다. 사람들이 우리에게 어떤 말을 하든, 우리는 모든 문제에 대한 하나님의 해결책을 쥐고 있는 사람이 아니라는 것이다.

선인장을 껴안는 법

앞에서 나는 지금도 여전히 회복 중인 깊은 상처와 고통을 나눴다. 그토록 심한 고통에도, 상처를 싸매기에 충분할 정도로 아름다운 구속의 이야기가 있다. 우리 교회에서 내가 처음 전한 설교는 "시간이 치유하지 못하는 상처"라는 설교였다. 그 설교 주제는 배신이었다. 나는 예레미야의 삶과 그가 내뱉은 험한 말들에 대해 설교했다. 예레미야는 주먹을 흔들며 하늘을 향해 "주여, 주께서 나를 속이셨고 내가 속았습니다"라고 부르짖었다.

설교 끝 부분에서 나는 최근에 알게 된 우리 부부의 불임 소식 때문에 예레미야와 같은 심경을 느꼈다고 이야기했다. 그날 한 중년 부부가 예배에 참석했다. 최근에 그들은 멀리 떨어진 지역에서 대학 생활을 하는 딸이 임신했음을 알게 되었다. 그들은 몹시 당황했다. 그 충격적인 상황에서 어떻게 아기를 제대로 키울 수 있겠는가? 예배 후에 그들은 아무 말 없이 집으로 향했다. 차가 차도에 접어들었을 때, 그들은 서로를 보면서 물었다. "당신도 나랑 같은 생각이에요?" 둘은 고개를 끄덕였다. 그 주간에 그들은 교회를 방문하여 메건과 나를 만나려 했다. 우리 장남인 카터를 처음 만난 것이 바로 그때였다.

하나님은 인간관계의 점들을 연결시켜, 우리 부부로 하여금 입양의 기적을 통해 부모 역할을 경험할 수 있는 길을 열어주셨다. 우리가 상상도 못한 구속 이야기였다. 그때 내가 전한 설교는 말 그대로 삶을 변화시키는 설교였다. 하나님의 구속 이야기는 다양하다. 상심과 혼란이 그 이야기에서 핵심 역할을 하는 경우도 종종 있다.

매우 고통스럽긴 했지만 우리가 불임을 겪지 않았다면 결코 카터를 만나지 못했을 것이다. 카터는 지금 만 일곱 살이 되어간다. 하나님의 풍성하신 은혜 덕분에 카터가 우리 가정으로 오게 되었다. 둘째 아들 베네트도 입양하였다. 우리가 생물학적 자녀를 가질 수 있었다면, 이 두 아이를 만나지 못했을 것이다. 우리는 두 아들을 입양한 신학자 미로슬라브 볼프가 사용한 "불임의 선물"이라는 문구를 되뇌었다.[10]

마침내 우리는 "선인장을 껴안을" 수 있었다. 우리의 연약함과 한계와 깨짐을 치유와 성장의 중요한 일부로 받아들여 껴안게 된 것이다.[11] 하나님은 우리의 결혼생활에서 가장 큰 두 선물을 가장 심한 고통을 통해 우리에게 주셨다. 되돌아보면, 결국 하나님이 우리를 속이지 않으셨음을 알 수 있었다. 예전 교회에서 상처를 입기도 했으나, 우리 아들을 만났으므로 그런 상처는 얼마든지 감수할 만했다. 그 암담했던 날들이 오직 아들을 만나기 위해서였다고 해도 우리는 그 날들을 껴안을 수 있다. 하나님의 구속 사역이 내 마음과 생각 속에 있는 나쁜 기록들을 지워주지는 않는다. 그 기록들은 여전히 남아 이따금 재생되지만, 그 나쁜 기록의 이면에 있는 구속 목적을 내게 상기시킨다. 이해하기 힘든 하나님의 크신 은혜다.

바울도 실패를 받아들이는 마음을 고백했다.

> 나에게 이르시기를 내 은혜가 네게 족하도다 이는 내 능력이 약한 데서 온전하여짐이라 하신지라 그러므로 도리어 크게 기뻐함으로 나의 여러 약한 것들에 대하여 자랑하리니 이는 그리스도의 능력이 내게 머물게 하려 함이라 그러므로 내가 그리스도를 위하여 약한 것들과 능욕과 궁핍과 박해와 곤고를 기뻐하노니 이는 내가 약한 그 때에 강함이라(고후 12:9-10).

바울은 선인장을 껴안는다. "그러므로 도리어 크게 기뻐함으로 나의 여러 약한 것들에 대하여 자랑하리니." 그는 십자가가 자신을 죄와 한계에서 건져내는 사다리임을 발견했다. 복음 안에서 자신의 정체성을 발견했기 때문에 자신의 실패를 기꺼이 받아들였다. 곤경과 불확실성 없이는 영적 성숙도 없다. 우리가 예수님과 함께하는 여정에서 줄곧 성장하려면 계속해서 위험을 무릅쓰고 다시 실패할 가능성을 열어두어야 한다. 위대한 구속주이신 하나님만이 우리에게서 용의 허물을 벗겨내어 우리를 다시 사람이 되게 하실 수 있다.

11

리듬

나아가기 위한 회복 연습

그리스도의 고난이 우리에게 넘친 것같이 우리가 받는 위로도
그리스도로 말미암아 넘치는도다.
_ 고린도후서 1장 5절

세상에 필요한 것은 무엇일까? 외적인 능력을 갖춘 유능한 남녀?
아니면, 깨지고 내적으로 변화된 사람들?
_ 진 에드워즈, 「세 왕 이야기」 (예수전도단)

"자연스런 은혜의 리듬을 배워라"

찬양 몇 곡을 부른 후에 우리는 "실패한 목회자 대회"의 첫 번째 저녁 시간을 마무리하고 있었다. 그때 뒤편에서 누가 손을 들었다. 기진맥진한 모습의 한 젊은 교회 개척자가 의자에 비스듬히 등을 기댄 채 말했다. "주제에서 벗어난 이야기일 수 있습니다만, 예수님을 찬양하는 노래를 부르지만 저는 이제 더 이상 예수님이 누구신지조차, 그리고 내가 예수님에 대해 무엇을 믿는지조차 잘 모르겠습니다."

잠시 멈춘 후에 그가 다시 말했다. "누가 제게 복음을 다시 말씀해 주실 수 있나요? 저는 복음을 들어야겠습니다." 긴 침묵이 흐른 뒤, 한 목사가 목청을 가다듬고 예수님의 삶과 죽음과 부활의 좋은 소식을 다소 어색한 음성으로 이야기했다. 그의 말이 끝났을 때, 젊은 교회 개척자가 미소를 지으며 말했다. "감사합니다. 그 말씀을 듣고 싶었습니다."

신성한 순간이었다. 분명 그 말은 주제에서 벗어난 것이 아니었다. 사실 그 3분은 전체 행사에서 가장 의미심장한 시간이었다. 목사로서 우리는, 어쩌면 다른 어느 누구보다 자신에게 복음을 설교해야만 한다. 또는 적어도 우리에게 설교해 달라고 다른 이들에게 부탁하는 용기가 있어야 한다.

지쳐 기진한 사람들에게, 심지어 교회에서 섬기며 인도하는 이들에게도 예수님은 치유의 말씀을 전하셨다.

너희는 피곤하고 지쳤느냐? 종교생활에 탈진했느냐? 나에게 오너라. 나와 함께 길을 나서면 너희 삶은 회복될 것이다. 내가 너희에게 제대로 쉬는 법을 가르쳐주겠다. 나와 함께 걷고 나와 함께 일하여라. 내가 어떻게 하는지 잘 보아라. 자연스런 은혜의 리듬을 배워라. 나는 너희에게 무겁거나 맞지 않는 짐을 지우지 않는다. 나와 함께 있으면 자유롭고 가볍게 사는 법을 배울 것이다(마 11:28-30, 메시지).

예수님은 포춘쿠키(중국 음식점에서 내놓는, 운수를 적은 쪽지가 든 과자_ 옮긴이)

에 끼워 넣을 글을 쓰신 것이 아니다. 그분은 가장 높고 순수한 차원의 삶을 제시하신다. 이것은 소망으로 넘쳐나는 초청이다. 이 말씀의 각 단어는 풍성한 의미를 담고 있다. 내가 가장 좋아하는(무거운 짐에 눌린 목사들에게 내가 여러 차례 인용해 온) 문구는 "자연스런 은혜의 리듬을 배워라"이다.

자연스런_ 자연스럽다는 것은 강요받지 않는다는 것이다. 우리는 무엇인가를 강요하는 듯한, 해야 하는 것과 해서는 안 되는 것을 지시하는 듯한 세상에서 강요받지 않는 삶으로 부르심 받는다. 강요받지 않는 삶은 보기에 아름답다. 강요는 율법주의와 거북하고 부자연스런 삶의 방식을 초래한다. 강요된 춤은 지켜보기가 불편하다. 강요받지 않고 추는 춤이 아름답다. 하나님과 함께하는 삶이 바로 그런 춤이다.

은혜_ 복음이라는 엔진은 은혜라는 연료로 가동된다. 은혜에 뿌리를 둔, 생명을 주는 리듬은 아름답다. 은혜의 리듬을 강요받는 것은 불가능하다. 은혜는 언제나 강요되지 않는다.

리듬_ 리듬은 일관성과 안정성을 제공하지만 기계적인 반복은 아니다. 판에 박힌 방식이 아니다. 삶에 활기를 불어넣는 것이다. 리듬이 수반될 때, 우리는 조화와 깊이와 자발성을 갖춘 삶을 살 수 있다.

배워라_ 이 말 때문에 목회자는 스승에게 올바른 삶이 어떤 것인지를 배우는 학생의 자리에 서게 된다.

내가 이런 삶을 어떻게 배울 수 있을까? 예수님은 "나와 함께 있으면 자유롭고 가볍게 사는 법을 배울 것이다"라고 말씀하신다. 어떻게 하면 우리가 소망 중에 꾸준히 전진할 수 있을까? 나는 실천적인 연습 단계들을 제시하려고 한다. 이러한 회복 연습은 나를 포함한 목회자들의 심령을 회복시키는 데 도움이 되어왔다. 이 연습의 목적은 설령 절뚝거리거나 기더라도 계속 전진하는 데 있다.

내가 제시하는 단계들은 영적으로 반드시 해야 할 일을 적은 목록이 아니다. 단지 제안일 뿐이다. 이것을 모두 실행하는 것은 비현실적이다. 다만 회복과 치유를 위한 여러 방안으로 이해하라. 당신에게 도움이 될 두세 가지를 택하라. 이 모두를 한꺼번에 실행하려 하면 도리어 더 큰 실패에 봉착할 수 있다.

자신이 먼저 숨 쉴 수 있어야 한다

미국연방항공국은 북미에서 상용비행기가 출발하기 전에 승무원들이 비상 안전 지침을 방송해야 한다고 규정한다. 그 방송은 다음 내용을 포함한다.

> 객실 압력이 낮아지면 머리 위에 있는 천정 도구함에서 산소마스크가 떨어질 것입니다. 마스크를 당겨 코와 입에 대십시오. 끈을 단단히 죄고 평상시처럼 숨을 쉬십시오. 어린아이나 도움이 필요한 사람과 함께 여행하는 중이라면, 그들을 돕기 전에 자신의 마스크를 먼저 쓰십시오.

얼핏 생각하기에, 이런 행동은 이기적인 것 같다. 왜 자신의 끈을 먼저 조이는가? 비상 상황에서 다른 사람들을 먼저 생각해야 하지 않는가? 그러나 이것은 매우 전략적이다. 내가 숨을 제대로 쉬지 못하면 나 자신은 물론 주변 사람들도 도울 수 없다.

위기 때에 자신이 성령의 인도하심을 받지 않고도 다른 이들을 도울 수 있다고 믿으려는 유혹을 받을 때가 얼마나 많은가? 산소 없이 활동할 수 있는 건 잠시뿐이다. 내 마스크를 먼저 착용하고 내 영혼의 끈을 먼저 죄는 것은 이기적이지 않다. 우리는 다른 사람들을 인도하도록 부르심 받았지만, 우리의 사역은 자신의 생명이 넘쳐나는 데서 비롯되는 것이다. 우리는 자신을 돌보는 것이 이기적이라고 하는 거짓말을 알아채야 한다.

피터 스카지로는 우리 삶의 다른("비영적인") 영역들에 대해 우리가 어떻게 변명하는지를 설명한다. 우리의 육체적인 삶(운동하거나 제대로 먹거나 충분히 휴식할 시간이 과연 있을까?), 사회생활(친구들에 대해 염려하지 말라. 건강한 인간관계를 맺을 시간도 없을 테니까), 지적인 삶(네 지성을 철저히 개발하는 일에 주의해 보라. 그러다 보면 결국 하나님을 향한 마음이 사라질 것이다. 깊이 숙고할 시간이 어디 있는가?), 그리고 우리의 정서적인 삶(네 감정에 이끌리면 더 혼란스러워지고 하나님을 가까이 하기 힘들다)의 우선순위는 쉽게 무시된다.[1] 그러나 삶의 이 영역들을 무시해선 안 된다. 각 영역은 우리 심령과 밀접한 연관을 맺고 있기 때문이다. 우리가 자신을 돌보는 것은 다른 사람들을 돌보기 위한, 이웃을 우리 자신처럼 사랑하기 위한 첫 단계다. 우리 심령의 산소마스크 끈을 먼저 죌 때 우리는 자연스런 은혜의 리듬을 배울 수 있다.

인간관계와 지원

멘토나 코치, 영적 안내자를 확보하라. 8, 9장에서 언급했듯이, 연구 결과에 따르면 실패에서 회복되기 위한 중요한 도구는 코치나 영적 안내자를 찾는 것이다. 치유와 회복 과정에서 누군가와 동행하는 것은 매우 중요하다. 삶의 코치와 영적 안내자 둘 다 도움이 되지만, 누가 가장 도움이 될지는 당신의 성격이나 영적 기질, 당시 구체적인 상황에 따라 다를 수 있다.[2]

당신이 인도하지 않는 소그룹에 참석하라. 우리는 다른 신자들과 함께하는 건강한 공동체에 소속되어야 한다. 당신과 배우자가 지도자 역할을 하지 않으면서 정규적으로 만나 보통의 구성원으로 참석할 수 있는 소그룹을 찾으라. 목사들은 솔직해질 수 있는 곳이 필요하다. 현재 섬기는 교회나 예전 교회의 밖에서 찾는 것이 가장 좋다.

믿을 만한 그리스도인 상담가를 찾으라. 나는 그리스도인 상담가를 더 빨리 그리고 더 자주 찾지 않은 것을 후회한다. 자존심 때문에 상담가를 찾아가지 않는 사람이 있다면, 나는 이렇게 말하고 싶다. "자신을 극복하세요." 당신은 은혜가 필요한, 상처 입은 죄인이다. 현재 당신의 삶이나 목회가 모든 면에서 순탄할지라도 당신은 상담가를 찾아야 한다. 중대한 문제가 생길 때까지 기다릴 필요는 없기 때문이다. 자동차는 정비가 필요하고, 우리 몸은 건강검진이 필요하다. 우리 마음도 검진을 받아야 하지 않겠는가? 상담가더러 당신의 마음을 이리저리 진단해 보도록 허락하라. 그가 발견한 내용을 알고서 당신은 놀랄 수도 있다. 그리스도 중심의 지혜로운 상담가는 목회가 우리의 정체성을 규정하지 못함을 우리에게 상기시킬 것이다.

상담비가 비쌀 수도 있지만, 상담은 당신이 치유되는 데 매우 중요하다. 상담 비용을 마련할 방안을 모색하라. 가능하다면, 당신과 배우자의 상담 비용을 지원해 줄 수 있는지 교회 지도자들에게 문의해 보라. 어떤 상담 비용은 의료 지원비에 포함될 수 있다. 교회 차원의 지원이 힘들다면, 신뢰할 만한 친구들에게 도움을 청하라. 어떻게 하든, 돈 때문에 상담을 소홀히 해선 안 된다.

다른 목회자들과 정규적으로 만나라. 슬픔과 실패에 대한 생각을 안전하게 토로할 만한 다른 목사들이 있는가? 매달 그들과 차를 마시거나 식사를 함께하라. 당신이 치유와 은혜의 길을 절뚝거리며 걸을 때 그들은 당신의 동역자가 될 수 있다. 우리는 목회의 기쁨과 상처를 이해하는 사람이 필요하다. 그들과 정규적으로 만나면 우리가 홀로이지 않음을 상기하게 된다.

당신이 돕지 않아도 되는 친구들을 만나라. 당신을 먼저 사람으로 보며 그 다음(또는 세 번째나 네 번째나 다섯 번째)으로 목사로 보는 친구들을 만나는 것은 전인적인 삶을 위해 반드시 필요하다. 친구와 만나서 늘 인생의 심각한 문제들을 깊이 대화해야 하는 것은 아니다. 친구와 함께하는 시간은 영화를 보거나 훌륭한 식사를 하거나 운동하러 가는 것으로 보낼 수도 있다. 그럴 때 우리의 정서적, 관계적, 정신적 양동이가 다시 채워진다.

마음을 솔직하게 토로할 수 있는 기도 팀을 만들라. 당신을 위해서는 물론 당신을 대신하여 기도해 줄 지혜롭고 믿을 만하며 경건한 사람들로 팀을 구성하라. 이 기도 팀은 마가복음에 나오는 익명의 네 사람과 같다. 그들은 중풍병자 친구를 메고 지붕에 올라가서 구멍을 낸 뒤 그 친구를 예수님께 달아 내렸다. 당신에게는 그런 친구들이 필요하다.

재조정과 재정열

목회방법론 서적을 읽지 말라. 적절한 시기와 환경에서는 방법론 서적이 기량 개발에 도움이 될 수 있다. 그러나 아무 점검 없이 이런 책을 읽으면 불안감과 심지어 우상숭배를 더욱 부추길 수 있다. 이런 책들에서 제시하는 확실한 전략들 중 대부분은 특정한 상황과 직결된 것이다. 그것이 저자의 목회 환경에서 효력을 발휘할 수 있지만, 당신이 처한 상황에서는 부자연스럽고 강요되는 느낌을 줄 수 있다. 이런 책들을 피하라. 일시적 유행이나 급변하는 목회 동향을 소개하는 내용이라면 더욱 멀리 하라. 대신 신학서적이나 교회사, 신실한 목사나 지도자들의 전기들을 읽는 데 시간을 투자하라.

유진 피터슨과 헨리 나우웬의 책을 읽어보라. 거의 내가 살아온 날만큼 오래도록 목회한 피터슨은 목회에 대한 책을 여러 권 썼다. 내가 추천하고 싶은 책은 『껍데기 목회자는 가라』(마르바 던 공저, 좋은씨앗), 『유진 피터슨: 부르심을 따라 걸어온 나의 순례길』(IVP), 『목회의 기초』, 『목회자의 소명』, 『목회자의 영성』(이상 포이에마) 등이다.

나우웬은 우리의 관심을 하나님의 자애로운 마음으로 이끄는 신비적인 형식의 글을 쓴다. 『예수님의 이름으로』(두란노)라는 책은 지난 수십 년에 걸쳐 출간된 기독교 리더십 관련 도서 가운데 가장 통찰력 있다.

또한 데이비드 한센의 『목회의 기술: 모든 해답이 있는 것은 아니다』 (The Art of Pastoring: Ministry Without All the Answers)도 추천하고 있다. 이 책은 반문화적이지만 신실한 목회가 예수님께 어떻게 보일 수 있는지를 고찰하고 있다. 이 밖에도 여러 책이 있다. 더 많은 자료가 필요하다면, 이 책 부록1에 제시한 추천 자료를 참조하라.

목회나 기독교와 직접적인 관련이 없는 책들도 읽어보라. 시간이 없어 읽지 못한 고전 소설이나, 당신의 관심을 사로잡는 주제를 다룬 책들을 읽어보라.

일기를 쓰라. 필요하다면 있는 그대로 솔직해지라. 당신이 영적 훈련으로 일기를 쓸 때, 몇 가지 생각과 묵상을 도와줄 질문들을 소개한다. 다음 질문들에 솔직히 대답해 보라.

- 전도서 3장 1-8절을 읽고, "현재 나는 어떠한 때에 처해 있는가?" 하고 자문해 보라.
- 이때에 존재하는 기회와 한계는 어떤 것인가?
- 이번 주나 이번 달에 내가 가장 절실하게 느낀 한두 가지 감정은 무엇인가? 하나님은 내 속에서 무엇이 변하기를 바라시는가?[3]
- 지금 당장 내게 필요한 것은 무엇인가? 나는 내 행복을 염려하

는 이들에게 도움을 청할 수 있는 겸손과 용기가 있는가?
- 요즘 하나님이 나를 만나주시는 곳은 어디인가? 요즘 내가 하나님을 만나고 싶은 곳은 어디인가? 언제 하나님께 아뢸 것인가?
- 지난주나 지난달에 내게 가장 의미심장했던 말씀은 무엇인가?
- 내 감정이 드러났을 때의 느낌은 어떠한가? 그 이유는?
- 불편하며 불안한 기분일 때 나는 어떻게 행동하는가?
- 지금 나는 어떤 감정을 터뜨리고 싶은가?
- 취약성에 대한 두려움이 어떻게(그리고 어떤 영역에서) 나를 붙들고 늘어지는가?[4]

성공과 실패가 어떤 것인지에 대해 교회 지도자들과 함께 이야기하라. 실망은 기대와 현실의 차이에서 생긴다. 그 간극이 클수록 실망도 크다. 우리의 실망은 부정확한 가정에 근거할 때가 많다. 우리가 추구하는 목회에 대해 교회 지도자들(또는 전체 회중)과 대화하려면 용기가 필요하다.

많은 목회자가 그런 대화를 나눈 결과에 대해 염려한다. 그래서 불안과 근심, 불면증에 사로잡힌다. 적절한 기대를 갖도록 대화하는 것이 힘들 수 있지만 장기적인 면에서는 건전하며 위안이 된다. 부록2는 교회 지도자들과 함께 분명한 목적을 세우도록 도와주는 몇 가지 질문을 제시한다.

브레네 브라운의 TED 영상을 활용하라. 브레네 브라운의 18분짜리 TED 영상 두 편을 임직원이나 장로, 지도자들과 함께 시청해 보라.[5]

그의 경험과의 유사점과 차이점을, 그리고 당신이 가장 공감되는 내용을 토의해 보라.

속 시원하게 토론하라. 울며 소리 지르라. 자신의 감정을 노골적으로 드러내면 치유에 큰 도움이 될 수 있다. 『시편 기도』(Praying the Psalms)라는 책에서 토마스 머튼은, 시편을 감상하는 최선의 방법 가운데 하나가 천천히 깊이 묵상하면서 큰 소리로 읽는 습관을 들이는 것이라고 했다.[6] 시편 속에 흠뻑 빠져들라. 자신의 표현으로, 자신이 처한 상황에서(비록 좋은 상황이 아닐지라도), 자신의 감정으로, 자신의 시편을 쓴다고 생각하라.

한 목사는 1회 치료비로 7달러를 썼다. 골프연습장에서 한 양동이에 골프공을 가득 채우는 데 쓴 비용이었다. 또 다른 목사는 중고품 할인매장에 가서 오래된 유리 제품을 한 상자 구입했다. 식구들이 집에 없을 때 지하실에 가서 그 유리그릇들을 가급적 세게 벽에 집어던졌다. 유리그릇들이 박살날 때 그는 하나님께 더 가까워짐을 느꼈다. 유리 파편을 쓸어 담으며 그는 울었다. 자신의 감정을 터뜨려서 치유를 경험하게 하신 하나님께 감사드렸다.

당신은 너무 격렬한 행동을 원치 않을 수도 있다. 핵심은 슬퍼하는 것이 정상적인 인간 경험이라는 것이다. 하나님은 우리가 슬픔을 격렬하게 표현하는 것을 허락하신다. 최악은 그것을 감추는 것이다. 때로는 격렬하더라도 슬픔을 적절히 표현하라.

목회 성공을 강조하는 행사나 기독교 명사를 홍보하는 집회를 피하라. 암담한 실패 시기에는, 여기저기 강연을 다니는 유명 목사를 홍보하는 집회에 참석하지 말라. 이런 집회에서 듣는 강연자들의 말은 우리 마음과 생각 속에 불건전한 생각과 야심을 부추길 수 있다. 이런 자리에 참석해야 할 경우에는, 행사 전후에 함께 대화할 수 있는 신실한 사람과 함께 가는 것이 지혜롭다.

본보기로 앞장서라. 우리는 하나님나라에서의 삶을 본보기로 보이도록 부르심 받았다. 하나님나라에서는 약한 것이 힘이고, 잃는 것이 얻는 것이며, 죽는 것이 삶의 시작이고, 죽음이 부활로 이끈다. 우리가 건강하여 자신의 실패와 깨짐을 통해 다른 이들을 인도할 때 우리는 그들에게 선물을 주는 셈이다. 자신이 만사형통인 듯한 인상을 주는 설교는 잘못된 것이다. 사람들은 자신의 실패를 솔직하고 용기 있게 말할 수 있게 되기를 기다리고 있다. 앞에 선 사람이 본을 보일 때 그들도 그렇게 한다. 앞장서라.

때로는 고통스럽겠지만, 앞장서라. 앞장선다는 것은 다른 이들에게 자백하는 것을 뜻할 뿐 아니라 다른 이들을 용서하는 것을 뜻하기도 한다. 한 목사가 이렇게 말했다. "나는 용서해야 함을 알지만 그러고 싶지 않아요. 내가 그들을 용서하지 않으면 그들을 통제할 힘을 지니게 되니까요. 나는 그 힘을 포기하고 싶지 않아요." 다른 사람을 먼저 용서하는 것은 괴로운 일일 수 있다. 그들이 용서를 구하지 않거나 자신의 잘못을 전혀 인정하지 않을 때에는 특히 그렇다. 스페인의 시인 안토니오 마차도는 "여행자여, 길은 없다. 당신이 걸으면서 길을 만들어야 한다"라고 말했다. 우리가 먼저 시작해야 한다.

안식과 기쁨의 재발견

안식일을 지키라. 안식일은 "자연스런 은혜의 리듬을 배우게" 하시는 하나님의 확실한 초청이다. 안식일은 기도하며 노는 날이다. 일을 쉬기보다는 쉼을 통해 일하는 새로운 사고방식을 지녀야 한다.

사람의 평가에 신경을 많이 쓰고 사교적이며 실패의 고통에서 회복되고 있는 완벽주의자인 나는, 안식일을 지키지 않았다면 지금쯤 탈진했을 것이다. 안식일은 하나님을 가장 신뢰해야 하는 날이며, 실적과 효율을 추구하는 내 깊은 열망과 교만을 억제하는 날이다. 당신이 교회의 머리라면 분주한 것이 당연하다. 할 일이 많기 때문이다. 그러나 그리스도께서 교회의 머리시라면 당신은 속도를 늦추고 그분의 뜻이 무엇인지에 귀 기울여야 한다. 안식일은 깊은 안식의 날일 뿐 아니라 깊은 신뢰의 날이기도 하다.

피터 스카지로에 따르면, 안식일은 하나님이 자신의 백성을 위해 일주일에 한 번씩 큰 눈이 내리게 하시는 날이다.[7] 매주 이 날은 우리의 정체성을 좌우하는 것이 우리가 하는 일이 아니라 우리의 존재(우리가 누구에게 속했는가 하는 것)임을 상기시킨다.

하나님이 교회의 머리시다. 하나님이 섬기며 인도하도록 당신에게 맡기신 지역 교회도 마찬가지다. 당신이 하루 동안 속도를 늦추고 안식한다고 해서 하나님이 교회 운영을 염려하시진 않는다. 당신이 일주일에 하루 쉰다고 해서 교회가 흐트러지기 시작하진 않는다. 오히려 당신이 안식을 거부하면 당신 때문에 교회가 흐트러지기 시작할 수 있다.

활력을 불어넣는 활동들에 참여하라. 우리는 활력을 불어넣는 활동들을 하찮게 보인다는 이유로 경시하기 쉽다. 영적으로 가장 의미심장한 문제에 집중해야 하지 않는가? 연료 탱크의 계기 바늘이 낮아지면 어디서 연료를 채워야 할까? 분명 주님이 우리의 원천이자 힘이시다. 그러나 하나님은 여러 활동과 취미, 그리고 활력을 불어넣어줄 경험들을 통해 우리를 회복시키기도 하신다. 이들은 사진촬영이나 바둑, 토요일 오후의 자전거 타기, 하프마라톤, 좋은 소설 읽기 등일 수 있다.

내 사무실 창가에는 커다란 껌 자판기가 있다. 내가 콜로라도의 한 교회를 섬길 때부터 가지고 있던 기계다. 그 교회의 지도자들은 내가 "당신의 껌 자판기는 어떤가요?"라고 말하는 것을 여러 차례 들었다. 이것은 심령을 살피는 질문이다. 그들은 그 기계와 관련된 이야기를 알고 있었다.

기독교 상담가를 찾아가 정서적, 육체적, 영적으로 기진하고 공허한 내 상태를 이야기했을 때, 그는 내게 그림을 그려보였다. 껌 자판기를 서투르게 그린 그림이었다. '고작 어설픈 껌 자판기 그림을 보려고 내가 100불이나 지불했단 말인가?' 엉뚱한 그림이었다. 그는 내 껌 자판기가 텅 빈 것 같다고(또는 아예 껌 나오는 출구가 닫힌 것 같다고) 말했다. 나는 기계 속에 껌을 넣어야 했다. 그렇게 하지 않으면 사람들은 점점 더 내게 실망할 것이었다. 이것은 자판기에 동전을 넣어도 아무것도 나오지 않을 때 사람들이 보이는 반응과 같다.

그 상담가는 내가 다시 건강해지려면 세 가지 중 하나를 선택해야 한다고 말했다. 첫째, 기계 뚜껑을 열고 삶의 새로운 껌들을 다시 채워주

시기를 하나님의 성령께 간구한다. 둘째, 수리될 때까지 기계 앞면에 "고장"이라고 써 붙인다. 셋째, 두 가지를 다 행한다. 그는 내게 종이 한 장을 건네면서 말했다. "당신이 실행할 수 있는, 활력을 불어넣어줄 활동을 열거해 보시는 게 좋을 것 같습니다. 이런 활동이 당신의 심령에 많은 유익을 줄 거예요."

돌아보면, 그것은 내가 목회하면서 받은 지혜롭고 경건한 조언들 가운데 가장 중요한 것이었다. 놀랍게도, 활력 있게 해주는 활동은 우리 마음을 풍성하게 하여 그 풍성함을 다른 이들에게도 쏟아 부을 수 있게 한다. 심지어 달리기나 자전거 타기 등도 하나님을 예배하는 아름다운 행위일 수 있다.

우편번호가 같은 지역에서 벗어나라. 몇 달에 한 번씩 나는 우편번호가 다른 지역에서 하루를 보내는 일이 필요하다. 현재 환경에서 멀어지면 내 시각을 회복하는 데 도움이 되기 때문이다. 우편번호가 같은 지역에서 벗어나면, 목회라는 그림 전체를 찬찬히 돌아보는 시각이 생긴다. 집에서 15킬로미터만 떨어져도, 속도를 늦추고 더 깊이 호흡하며 더 자유로움을 느낀다. 나는 속도를 늦추고 하나님께 더 집중할 수 있는 날들을 확보하고 싶다.

운동하고 잘 챙겨 먹으라. 목회자는 대체로 자신을 보살피는 데 매우 인색하다. 한 연구에 따르면, 일반인에 비해 목회자는 영양 섭취와 신체 운동, 그 밖에 다른 형태의 자기 돌봄에 낮은 우선순위를 둔다.[8] 점점 연로해지면서 목회자들도 만성질환, 심장과 위장관 문제, 스트레스로 인한 질환 등의 발병률이 높아진다. 오늘날 목회자들의 건강 상태는

일반 평균치보다 훨씬 나쁘다.⁹

열왕기상 17-19장은 엘리야의 극적인 사역 경험을 기록하고 있다. 탈진한 엘리야는 자살하고 싶었다. 하나님의 영광이 쏟아지는 것을 직접 보았지만 죽고 싶었다. 탈진과 위기와 고독이 그를 사로잡았다. 그를 회복시킨 것은 영적이지 않은 두 가지, 곧 수면과 음식이었다.

엘리야는 로뎀나무 아래에 누워 잠들어 있었다. 천사가 그를 깨워 구운 떡과 물을 먹게 했다. 엘리야는 다시 잠들었다. 천사가 다시 깨워서 음식을 먹으라고 말했다. 엘리야는 자고 먹고 또 자고 먹었다. 그것은 엘리야에게 산소마스크를 씌우고 그 끈을 단단히 죄게 하시는 하나님의 방법이었다. 그런 다음에 하나님이 나타나셨다. 강한 바람이나 지진, 불을 통해서가 아니라 세미한 음성을 통해서였다.¹⁰ 엘리야는 일련의 과정을 통해 하나님을 새롭게 만났다. 그 과정에는 지극히 평범한 행동도 포함되었다. 낮잠. 구운 떡을 먹고 물을 마심. 그리고 침묵.

우리 몸은 영혼과 복잡하게 연결되어 있다. 헬스클럽이나 체육관에 다니고 몸에 좋은 음식을 먹으면 몸과 영혼의 회복에 도움이 된다. 이런 행동들은 우리가 흔히 생각하는 것보다 훨씬 중요하다. 이번 주에 우리가 행하는 가장 영적인 일은 낮잠이나 조깅일 수도 있다.

이 같은 회복을 위해 실행할 수 있는 일을 잠시 생각해 보라. 어떤 것이 당신의 치유에 도움이 되겠는가? 함께 실행할 수 있는 사람은 누구인가? 우리가 자연스런 은혜의 리듬을 배울 때 예수님과 계속 동행하라고 하시는 그분의 분명한 초청을 들을 수 있다.

# 맺음말

실패에서 자유로

> 이것을 너희에게 이르는 것은 너희로 내 안에서 평안을 누리게 하려 함이라 세상에서는 너희가 환난을 당하나 담대하라 내가 세상을 이기었노라.
> _ 요한복음 16장 33절

> 모든 사역은 우리가 겪는 고통의 가장자리에서 시작된다.
> _ 이안 모건 크론, 『프란치스코를 좇아서』(Chasing Francis)

거지도 초청받다

1546년 2월 18일, 마르틴 루터가 죽기 전에 남긴 마지막 말은 "우리는 거지다. 이건 사실이다"였다.

우리는 거지로서 주의 만찬을 기념한다. 예수님은 깨진 세상을 위해 자신의 몸을 깨트리고 자신의 피를 쏟으셨다. 그래서 우리가 다시 온전해질 수 있다. "성찬식"에 해당하는 영어 Eucharist는 "큰 감사"를 뜻한다. 실패한 거지인 우리에게 주어진 구원의 소망을 감사하는 것이다.

성찬식은 빈손으로 와서 가득 채워 돌아가도록 거지들을 초청한다.

우리의 실패를 기꺼이 시인하는 것(죄를 자백하는 것)은 용서의 집으로 들어서는 문지방이다. 그것은 하나님나라에 들어가기 위한 테스트이며, 하나님과 관계를 회복하는 문을 여는 열쇠다. 실패를 인정하는 것은 우리의 목회 소명의 기초가 된다. 우리의 깨진 상태를 받아들이는 것이 자유에 이르는 유일한 길이다. 우리는 비틀거리긴 하지만, 예수님의 친구인 것은 분명하다.

사탄의 말은 절반만 옳다. "우리는 실패했다. 우리는 깨졌다. 우리는 죄악 되다." 사탄은 절반의 진실 속에 우리를 가두려고 안간힘을 쓸 것이다. 그러나 십자가는 우리를 거기에 버려두지 않는다. 진실의 나머지 절반으로 우리를 이끈다. "하나님은 사랑이시다. 예수님의 구원은 충분하다. 우리는 용서받았다." 우리는 치유의 자리로 초청되어 구속을 경험한다. 강건하고 자유로운 삶으로 초청받는다. 예수님의 삶과 죽음, 부활은 "실패"(failure)의 슬픔을 "신실함"(faithfulness)과 "자유"(freedom)의 소망으로 변화시킨다.

성찬식은 실패가 이야기의 끝이 아님을 우리에게 상기시킨다. 예수님은 온갖 부류의 "나쁜" 사람들과 함께 식사하셨다. 그분이 우리 같은 실패한 거지들을 초청하여 의자에 앉히고 잔을 건네시는 것은 놀라운 일이 아니다. 하나님의 기이한 사랑은 워낙 크고 광대하다. 그 사랑이 우리를 자유롭게 한다.

달라스 윌라드는 『하나님의 모략』(복있는사람)이라는 책에서 하나님 아버지의 사랑과 은혜의 깊이를 감명 깊게 묘사한다.

낙제생과 중퇴자와 기진맥진하는 자. 빈털터리와 깨진 자. 마약중독자와 이혼한 자. HIV 양성반응자와 헤르페스 감염자. 뇌손상을 입은 자와 불치병환자. 불임자와 혼외 임신자. 너무 일이 많은 자. 너무 일이 적은 자. 실직자. 사기당한 자. 밀쳐진 자. 대체된 자. 자녀가 거리에서 사는 부모. 집에서 편안한 임종을 맞지 못하는 사람의 자녀. 고독한 자. 경쟁에서 밀린 자. 우둔한 자. 정서적으로 굶주리거나 정서가 죽은 자 등……. 예수님은 환경과 상관없이 이런 사람들에게 바로 지금 하나님나라의 축복을 베푸신다. 살인자와 아동폭행자. 잔인한 자와 고집불통인 자. 마약중독자와 포르노중독자. 전범과 사디스트. 테러리스트. 변태성욕자와 추잡한 자……. 예수님 당시의 사람들이 그분을 가리켜 "이 사람은 죄인들을 따뜻하게 대하고, 심지어 그들과 함께 식사한다"라며 비난한 것도 충분히 이해할 만하지 않은가? 때로 나는 그런 사람들에게 하나님나라의 문이 열리지 말았으면 하고 생각한다. 그러나 그들에게도 문이 열린다. 그것이 하나님의 마음이다.

…… 만일 내가, 회복 중인 죄인인 내가 예수님의 복음을 진심으로 받아들인다면, 나는 살인자에게 이렇게 말할 수 있다. "당신도 하나님나라의 축복을 받을 수 있어요. 주님의 용서는 무한합니다." 남색하는 자와 근친상간자, 사탄 숭배자, 노약자를 강탈한 자, 사기꾼과 거짓말쟁이, 흡혈귀 같은 자와 복수심에 불타는 자. 이 모든 사람이 우리와 함께 하나님나라의 품속으로 피신할 때, 나는 이들에게 진심으로 축복을 빌어주어야 할 것이다.[1]

이 복음이 강력한 힘과 깊은 소망으로 다가올 때, 나는 그 힘을 무시할 수 없다. 나 자신이 먼저 힘과 소망에 압도되지 않고서는 다른 이들에게 제대로 전할 수도 없다. 우리가 광야를 배회할 때 예수님이 우리에게 주시는 만나는 그분의 깨진 몸이다. 우리가 자유롭게 먹을 수 있는 떡이란 이런 것뿐이다. 우리는 거지다. 이것은 사실이다.

하나님이 우리의 상처에 입 맞추실 때

이 책 서두에서 나는 목사 안수를 받지 못함으로 인한 불안감을 언급했다. 이 책 대부분을 썼을 무렵, 나는 가슴 벅찬 소식을 들었다. 물론 사람마다 여정이 다르며, 우리는 모두 각기 다른 지점에 있다. 모든 사람의 고통 이야기가 한결같이 예쁜 나비 리본으로 포장되는 것은 아니다. 그러나 하나님은 내게 결코 잊지 못할 선물을 주셨다.

교회의 한 장로 모임에서 장로들이 내게 이제 때가 되었다고 했다. 그들은 목사 임직식에 대한 나의 내적인 갈등을 잘 모르고 있었다. 다만 오래전에 임직식을 해야 했는데 너무 늦었다고 내게 말했다. 날짜는 이미 잡혀 있었다. 친구들, 가족, 다른 목사들, 그리고 교회 개척 네트워크의 대표자들이 이미 그 임직식에 참석할 계획을 세워두었다. 돌이킬 수 없는 일이 되었다. 나는 울음을 주체할 수 없었다. 장로들이 나를 둘러싸고 기도해 주었다.

2월에 있었던 임직식은 지난 10년의 목회 기간에 경험한 일들 가운데 가장 고무적이고 가장 큰 격려가 된 사건이었다. 그 임직식과 성경봉독, 성찬식과 기도는 내 심령을 치유하는 연고였다. 임직식 후에 아내와 아들들도 앞으로 초청되었다. 우리 교회 식구들, 멀리서 온 친구들과 목사들이 우리를 둘러싸고 안수기도를 했다.

여러 해 동안 쌓인 상처와 고통이 그 순간에 치유되기 시작했다. 사람들이 각자의 자리로 돌아갔을 때, 장로들 중 한 명이 회중 앞에서 "레버런드"(Reverend, 목사를 일컫는 경칭_옮긴이)라는 호칭을 붙여 나를 소개했다. 우리 교회 교인들이 모두 일어서서 박수치고 환호하며 축하의 휘파람을 불어댔다.

나는 울음을 억제할 수 없었다. 눈물 한 방울 한 방울은 기도의 액체였다. 이러한 치유를 경험하게 하시고, 나처럼 깨진 사람을 목회자로 부르셔서 이렇듯 긍휼이 많은 사람들과 함께 사역할 수 있게 해주신 하나님께 감사드렸다. 친구들과 가족과 자애로운 교인들의 인정을 통해 나는 하나님의 인정하심을 진심으로 느꼈다.

임직식 막바지에 메릴랜드에서 온 친구인 목사 크리스가 내 아들 카터를 앞으로 불러냈다. 카터는 예배를 마무리하는 기도문을 몰래 적어 왔다. 카터는 크리스의 도움으로 기도문을 읽어나갔다. "사랑의 하나님, 아빠를 좋은 목사님이 되게 해주셔서 감사합니다. 아빠가 주님을 사랑하며 또한 영원히 사랑할 줄 믿어요. 하나님, 앞으로도 아빠가 계속 좋은 목사가 되게 해주세요. 예수님 이름으로 기도합니다. 아멘."

그것은 내 상처에 대시는 하나님의 입맞춤이었다.

마지막 축도

나는 브레넌 매닝의 영적 멘토인 래리 하인의 축도로 이 책을 마무리하려 한다. 매닝의 임직식 때 래리 하인이 한 축도다.

브레넌 매닝의 모든 기대가 좌절되고, 그의 모든 계획이 수포로 돌아가고, 그의 모든 바람이 어긋나서 어린아이처럼 무력해지고 가난해지길, 그래서 그가 하나님 아버지와 성자와 성령의 사랑 안에서 노래하며 춤출 수 있기를 간절히 축원합니다. 아멘.

당신이 실패로 다리를 절며 비틀거리더라도, 그 실패가 언젠가 당신으로 하여금 성부와 성자와 성령과 함께 노래하며 춤출 수 있게 하기를 기도한다.

돌아보는 질문들

01 실패

1. "실패한 목회자 대회"는 시작할 때 두 가지 질문을 던진다. "당신은 왜 여기 있습니까?" "지금 어떤 기분입니까?" 당신은 왜 이 책을 읽고 있는가? 그리고 이 책을 읽을 때 어떤 기분인가?

2. 당신의 실패가 목회관에 어떤 영향을 끼치는가? 당신의 목회가 실패관에 어떤 영향을 끼치는가?

3. 실패-거부-수치심의 과정을 생각해 보라. 실패에 직면할 때 당신이 어느 단계에 있는지 파악할 수 있는가? 당신이 이 상황들에 대처하는 방법에서 잘못된 것은 무엇인가?

4. 당신은 복음의 은혜로 수용 과정을 경험했는가 아니면 거부-수치심의 단계에 매여 있는가? 수용을 더 자주 경험하려면 어떤 일이 있어야 할까?

5. "감출 것과 잃을 것과 입증할 것이 전혀 없다"고 하는, 그리스도 안에 있는 자유의 개념을 생각해 보라. 그것이 현실적인가? 현실적으로 가능한 개념인가? 만일 그렇다면, 당신이 그것을 현실로 경험한 때는 언제인가? 그런 현실이 장차 당신의 삶에 어떤 영향을 끼칠까? 다른 사람들에게는 어떤 영향을 끼칠까?

2장 성공

1. 당신의 머리와 가슴속에 가장 자주 떠오르는 성공 이야기는 어떤 것인가? 그것이 당신에게 어떤 영향을 끼치는가?

2. 당신은 성공을 어떻게 정의하는가? 그 측정 기준이 어디서 유래했는가? 누가 또는 무엇이 그렇게 정의하게 했는가?

3. 당신이 속한 교회는 어떤 성공 기준을 따르는가? 그 기준이 당신을 격려하는가 아니면 불안하게 하는가? 다른 기준에 따르면 어떤 일이 생길까?

4. 매주 출석 교인 수가 40명 미만인 교회에서 평생 목회하도록 하나님이 당신을 부르셨다면, 솔직히 당신은 어떤 기분일까? 그 상황이 하나님에 대한 당신의 생각에 어떤 영향을 끼치겠는가?

5. 네 가지 실패 유형(심각한 타락, 비극적인 사건, 서서히 진행되는 누수, 탈진) 중

에서 당신과 당신의 목회를 가장 잘 묘사한 것, 또는 당신이 가장 두려워하는 것은 무엇인가? 그 이유는? 가까운 친구들과 가족은 이 질문에 대해 당신을 대신하여 어떻게 대답할까?

6. 유진 피터슨과 마르바 던은 (한정된 의미에서) 목회자가 필요 없다고 말한다. 이 말을 들으면 당신은 어떤 기분인가? 이 말이 당신의 정체성에 어떤 영향을 끼칠 수 있을까?

3장 신실함

1. "얼마나 큰가?" "얼마나 많이 모이는가?" "얼마나 많은가?" 당신의 현재 목회나 예전 목회와 관련하여 이 질문들이 머릿속에 얼마나 자주 떠오르는가? 이런 질문들이 자주 떠오른다는 것은 어떤 변화가 필요함을 뜻하겠는가?

2. 당신이 생각하는 성공은 어떤 것인가? 누가 그렇게 정의하는가? 그 정의가 성경적인지 어떻게 아는가?

3. "이제 채소 나왔어요?"라고 묻고 싶은 유혹을 가장 많이 받을 때가 언제인가? 그 이유는?

4. 당신은 목회자의 성공 욕구와 탈진 정도가 얼마나 밀접한 관련이 있다고 생각하는가?

5. 우리 문화에서는 신실함이 인정받거나 존중받는 경우가 흔치 않다. 그 근원적인 이유가 무엇이라고 생각하는가?

4장 수치심

1. 이 장에서 당신이 가장 공감하는 내용은 무엇인가? 그 이유는?

2. 이제까지 살아오면서 가장 수치스러웠던 것은 무엇인가? 그것이 하나님이나 다른 사람들과 교제하는 데 어떤 식으로 영향을 끼쳤는가? 이 사실은 당신의 어떤 점이 변화되어야 한다는 뜻일까?

3. 지난 두 달을 돌이켜 생각해 보라. 무죄-유죄 또는 영광-수치심의 분열을 경험한 때가 있는가? 그 경험이 당신에게 끼친 영향은 무엇인가?

4. 당신이 자신의 취약성을 결코 노출시키지 않는다면, 당신과 가족, 친구들과 당신의 사역에 어떤 일이 일어나겠는가? 당신의 삶에서 어떤 영역에 문제가 생기겠는가?

5. 수치심의 속삭임이 가장 강렬할 때는 언제인가? 그 속삭임을 부추기는 것은 무엇인가? 그 이유는?

6. 복음이 당신을 온통 사로잡는다면 수치심에 대한 당신의 반응이 어떻게 변할까?

5장 **외로움**

1. 당신이 목회 중에 경험하는 외로움은 어느 정도인가? 가장 극심하게 느낄 때는 언제인가?

2. "교회에서 가장 자백하기 싫어하는 사람은 목사"라는 헨리 나우웬의 말에 동의하는가? 목사가 교회에서 자백을 가장 잘하면 어떻게 될까? 그럴 경우 신앙 공동체에 어떤 변화가 일어날까? 당신에게는 어떤 영향을 끼칠까?

3. 가면을 쓰고 싶은 유혹을 가장 많이 받을 때는 언제인가? 은혜 위에 세워진 교회에서 가면 착용이 그토록 잦은 이유는 무엇일까?

4. 이 장에 언급된 가면들 가운데 가장 매력적이거나 쉽게 와 닿는 것은 무엇인가? 이 장에 언급되지 않은 가면들은 무엇인가? 결국, 당신이 가면을 쓸 때 통제하려고 하는 것은 무엇인가?

5. 당신이 가면을 벗으면 어떻게 보일까? 가면을 벗으면 어떤 대가를 치러야 할까? 그럴 만한 가치가 있는가?

6. 당신이 목회자로서 취약성을 적절히 드러내려면 어떻게 해야 할까?

6장 상처

1. "자유와 관련하여 하나님은 우리 주변 상황보다는 우리 내면에서 진행되는 변화에 훨씬 관심이 많으신 것 같다." 이것이 사실인 이유는 무엇일까? 이 사실은 하나님의 성품에 대한 당신의 시각에 어떤 영향을 끼치는가?

2. 솔직하지는 않지만 "근사한" 기도를 드리고 싶은 유혹을 느낄 때는 언제인가?

3. 가장 최근에 당신의 기도가 "근사하지" 않다고 생각한 때는 언제인가? 그런 솔직한 기도를 하게 된 계기는 무엇인가?

4. 다른 사람들의 솔직한 기도들이 힘든 상황에 처한 당신에게 어떤 도움을 줄 수 있을까?

5. 하나님께 드리는 솔직한 기도는 어디까지 허용될까? 이런 기도가 다른 사람들의 기도 생활에 어떤 영향을 끼칠까?

7장 광야

1. 이 장을 읽은 후, 광야에 대한 시각이 어떻게 달라졌는가?

2. 하나님이 당신을 황무지로 돌아가게 하신 때는 언제인가? 그분이 우리를 그런 여정으로 이끄시는 이유는 무엇일까?

3. 광야가 하나님 백성의 현주소인 이유는 무엇일까? 광야를 경험하지 않고서는 광야의 교훈을 배울 수 없는 이유는 무엇일까?

4. 하나님이 광야로 이끄시는 것이 어떤 면에서 은혜일 수 있을까? 그렇지 않은 상황이 있다면 예를 들어보라.

5. 당신의 삶과 목회에서 광야는 어떤 가르침을 주는가?

6. 광야 시기를 전혀 경험하지 않았다면 당신의 삶은 어떻게 달라졌을까?

8장 회복

1. 이 장에서 공감하는 내용은 무엇인가? 동의하지 않는 내용은 무엇인가? 그 이유는?

2. 슬픔의 단계와 관련하여 자신을 진단할 수 있는가? 현재 당신은 어떤 단계에 있는가? 현재 단계에서 표면화되는 감정은 무엇인가?

3. 당신의 친구나 가족은 당신의 슬픔 단계를 어떻게 묘사하는가?

4. 방금 읽은 내용을 통해 들을 수 있는 성령의 음성은 무엇인가? 앞으로 나아가기 위해 취할 수 있는 적절한 반응은 무엇일까?

5. 당신의 회복 과정에 함께해 주는(또는 함께해 줄 수 있는) 사람은 누구인가?

9장 재시작

1. 실패한 다른 목회자들 이야기에서 가장 가슴에 와 닿는 지혜는 무엇인가? 그 이유는?

2. 상처 입거나 실패한 다른 목회자에게 당신이 줄 수 있는 조언이나 격려는 무엇인가?

3. 당신이 회복되는 데 가장 도움이 된 방법은 무엇인가?

4. 이 장에 설명된 방안들 가운데 이번 주에 실천하고 싶은 것 두세 가지는 무엇인가? 그 이유는? 그렇게 하도록 당신을 도울 수 있는 사람은 누구인가?

5. 이 장의 내용이 회복을 위한 당신의 열망과 기도에 어떤 도움을 주는가?

10장 수용

1. 당신의 삶은 와비-사비의 자세를 어떻게 반영할 수 있는가? 그 삶은 구체적으로 어떻게 보일까? 어떤 희생을 감수해야 할까?

2. 지난 몇 년의 삶을 돌아보라. 가장 의미심장했던 카이로스 순간은 언제인가? 그 순간들에 당신은 어떻게 반응했는가?

3. 우리가 카이로스 순간을 간과하고 크로노스 순간에 몰두하기가 더 쉬운 이유는 무엇일까?

4. 현재 당신이 경험하고 있는 카이로스 순간은 어떤 것인가? 그것이 당신에게 남기는 흔적은 무엇인가?

5. 당신이 껴안고 있는 선인장은 무엇인가? 하나님 아버지를 더 친밀하게 경험하기 위해 당신이 감수하고 있는 불편함은 무엇인가?

6. 당신에게 용의 허물을 벗는 경험은 어떤 것인가? 고통에도 불구하고 그럴 만한 가치가 있는가?

11장 리듬

1. 다음 문장을 완성하라.

"내 영혼의 현재 상태를 묘사하는 세 가지 형용사는 ……이다."

2. 메시지 성경으로 마태복음 11장 28-30절을 천천히 다시 읽어보라. 마음에 직접 와 닿는 말씀이나 구절은 무엇인가? 그 이유는? "자연스런 은혜의 리듬"을 배울 때 당신의 삶은 어떤 모습일까?

3. 이 장에 제시된 리듬들 가운데 은혜 안에서 자유와 치유의 방향으로 나아가도록 가장 큰 도움을 주는 두세 가지는 무엇인가?

4. 현재 당신이 자신의 심령을 보호할 산소마스크를 쓰고 그 끈을 단단히 죄어야 한다는 건 어떤 의미에서인가? 회복을 위한 리듬이 형식적이며 율법주의적인 패턴으로 전락하지 않으려면 어떻게 해야 할까?

5. 많은 목회자가 자신의 심령을 보살피는 일을 소홀히 한다. 당신도 그러한가? 당신을 향한 이 질문에 당신의 가족은 어떻게 대답할까?

6. 이 은혜의 리듬 속에서 당신과 동행하고 격려하며 도전을 줄 수 있는 사람은 누구인가?

맺음말

1. 이 책을 읽으면서 가장 감명 깊었던 생각이나 통찰은 무엇인가? 그 이유는?

2. 읽은 내용 중에서 실천을 촉구하시는 성령의 감동을 느끼게 하는 부분은 무엇인가?

3. 당신이 배우고 실행하는 것을 통해 도움을 받을 수 있는 사람은 누구인가?

4. 이 책이 하나님과 은혜, 하나님의 부르심에 대한 당신의 관점을 어떻게 변화시켰는가? 당신이 깨달은 것을 잘 간직하려면 어떻게 해야 할까?

5. 이 깨달음이 당신의 가족과 가까운 친구들에게 어떤 영향을 끼칠까? 이 깨달음이 당신의 사역에 어떤 영향을 끼칠까?

6. 지금 어떠한가?

부록 1

추천 자료

도서

목사의 내면세계

Anderson, Ray S. *Self-Care*. Eugene, OR: Wipf & Stock, 2010.
Baker, Howard. *Soul Keeping*. Colorado Springs: NavPress, 1998.
Barton, Ruth Haley. *Sacred Rhythms*. Downers Grove, IL: InteVarstiy Press, 2007.
Benner, David. *Sacred Companions*. Downers Grove, IL: InterVarsity Press, 2006. 『거룩한 사귐에 눈뜨다』, IVP.
Brown, Brené, *Daring Greatly*. New York: Gotham, 2012. 『대담하게 맞서기』, 명진출판.
_____. *The Gifts of Imperfection*. Center City, MN: Hazelden, 2010. 『불완전함의 선물』, 청하출판사.
Lee, Cameron, Kurt Frederickson. *That Their Work Will Be a Joy: Understanding and Coping with the Challenges of Pastoral Ministry*. Eugene, OR: Wipf &Stock, 2010.
London, H. B., Neil B. Wiseman. *Pastors at Greater Risk*. Ventura, CA: Regal, 2003.
_____. *Pastors at Risk*. Wheaton, IL: Victor Books, 1993.
Manning, Brennan. *Abba's Child*. Colorado Springs: NavPress, 2002. 『아바의 자녀』, 복있는 사람.
_____. *The Ragamuffin Gospel*. Sisters, OR: Multnomah Books, 2005. 『한없이 부어주시고 끝없이 품어주시는 하나님의 은혜』, 규장.
Nouwen, Henri J. M. *In the Name of Jesus*. New York: Crossroad, 1989. 『예수님의 이름으로』, 두란노.
_____. *Life of the Beloved*. New York: Crossroad, 2002. 『이는 내 사랑하는 자요』, IVP.
Oswald, Roy. *Clergy Self-Care*. Herndon, VA: Alban Institute Publishing, 1995.
Rohr, Richard, Andreas Ebert. *The Enneagram: A Christian Perspective*. New York: Crossroad, 2001.

Scazzero, Peter. *Emotionally Healthy Spirituality*. Nashville: Thomas Nelson, 2011. 『정서적으로 건강한 영성』, 두란노.

Smith, Mandy. *Making a Mess and Meeting God*. Cincinnati: Standard Publishing, 2010.

Thrall, Bill, Bruce McNicole, John S. Lynch. *The Cure: What If God Isn't Who You Think He Is and Neither Are You?* Colorado Springs: NavPress, 2011. 『은혜의 방에서 새사람 되기』, 베다니출판사.

Williams, Margery. *The Velveteen Rabbit*. New York: Doubleday, 1922.

목회 성공에 대한 시각

Barton, Ruth Haley. *Strengthening the Soul of Your Leadership*. Downers Grove, IL: InterVarsity Press, 2008.

Dawn, Marva J., Eugene H. Peterson. *The Unnecessary Pastor: Rediscovering the Call*. Grand Rapids. Eerdmans, 1999. 『껍데기 목회자는 가라』, 좋은씨앗.

Ford, Lance. *Unleader*. Kansas City. Beacon Hill, 2012.

Hansen, David. *The Art of Pastoring*. Downers Grove, IL: InterVarsity Press, 2012.

Hughes, R. Kent, Barbara Hughes. *Liberating Ministry from the Success Syndrome*. Wheaton, IL: Crossway, 2008. 『성공 신드롬에서 자유로운 목회』, 도서출판디모데.

Jethani, Skye. *With: Reimagining the Way You Relate to God*. Nashville: Thomas Nelson, 2011. 『With: 하나님과 바르게 관계 맺는 법』, 죠이선교회출판부.

Manning, Brennan. *All Is Grace: A Ragamuffin Memoir*. Colorado Springs: David C. Cook, 2011. 『모든 것이 은혜다』, 복있는사람.

McGee, Robert S. *The Search for Significance*. Nashville: Thomas Nelson, 2003.

McNeal, Reggie. *Missional Renaissance*. San Francisco: Jossey-Bass, 2009.

Peterson, Eugene H. *The Pastor*. New York: HarperOne, 2011. 『유진 피터슨: 부르심을 따라 걸어온 나의 순례길』, IVP.

_____. *Under the Unpredictable Plant*. Grand Rapids: Eerdmans, 1994. 『목회자의 소명』, 포이에마.

Purves, Andrew. *The Crucifixion of Ministry*. Downers Grove, IL: InterVarsity Press, 2007.

Roy, Steven C. *What God Thinks When We Fail*. Downers Grove, IL: InterVarsity Press, 2011.

Schnase, Robert. *Ambition in Ministry*. Nashville: Abingdon, 1993. 『목회와 야망』, 기독교문서선교회.

Tripp, Paul David. *Dangerous Calling*. Wheaton, IL: Crossway, 2012. 『목회, 위험한 소명』, 생명의말씀사.

Wilson, Michael Todd, Brad Hoffman. *Preventing Ministry Failure*. Downers Grove, IL: InterVarsity Press, 2007.

상처 · 슬픔 치유

Allender, Dan B., Tremper Longman. *The Cry of the Soul*. Colorado Springs: NavPress, 1999.

『감정, 영혼의 외침』, IVP.
Chittister, Joan. *Scarred by Struggle, Transformed by Hope*. Grand Rapids: Eerdmans, 2005. 『시련 그 특별한 은혜』, 그루터기하우스.
Edwards, Gene. *A Tale of Three Kings*. Wheaton, IL: Tyndale House, 1992. 『세 왕 이야기』, 예수전도단.
John of the Cross. *Dark Night of the Soul*. Mineola, NY: Dover Publication, 2003.
Lewis, C. S. *A Grief Observed*. New York: HarperOne, 2009. 『헤아려 본 슬픔』, 홍성사.
Taylor, Barbara Brown. *Leaving Church*. New York: HarperOne, 2007.
Tchividjian, Tullian. *Glorious Ruin*. Colorado Springs: David C. Cook, 2012.
Willingham, Russell. *Relational Masks*. Downers Grove, IL: InterVarsity Press, 2004. 『관계의 가면』, IVP.
Wilson, Sandra D. *Released from Shame*. Downers Grove, IL: InterVarsity Press, 2002. 『상한 마음으로부터의 자유』, 두란노.
Winter, Richard. *When Life Goes Dark*. Downers Grove, IL: InterVarsity Press, 2012.

실패·실망 극복

Allender, Dan B. *Leading with a Limp*. Colorado Springs: WaterBrook, 2006. 『약함의 리더십』, 복있는사람.
Anonymous. *Embracing Obscurity*. Nashville: B & H Publishing, 2012.
Balda, Janis Bragan, and Wesley D. Balda. *Handbook for Battered Leaders*. Downers Grove, IL: InterVarsity Press, 2013.
Barton, Ruth Haley. *Strengthening the Soul of Your Leadership*. Downers Grove, IL: InterVarsity Press, 2018.
Cloud, Henry. *Necessary Endings*. San Francisco: HarperBuesiness, 2011.
Graham, Ruth. *In Every Pew Sits a Broken Heart: Hope for the Hurting*. Grand Rapids: Zondervan, 2004.
Hart, Archibald D. *Healing Life's Hidden Addictions*. Ann Arbor, MI: Vine Books, 1990. 『참을 수 없는 중독』, 두란노.
Heuertz, Christopher L. *Unexpected Gifts*. Howard Books, 2013.
Nouwen, Henri J. M. *The Wounded Healer*. New York: Image, 1972. 『상처 입은 치유자』, 두란노.
Rohrer, David. *The Sacred Wilderness of Pastoral Ministry*. Downers Grove, IL: InterVarsity Press, 2012.
Scazzero, Peter, and Warren Bird. *The Emotionally Healthy Church*. Grand Rapids: Zondervan, 2003.
Volf, Miroslav. *Exclusion and Embrace*. Nashville: Abingdon, 1996. 『배제와 포용』, IVP.

안식과 안식일 준수

Cloud, Henry, and John Townsend. *Boundaries*. Grand Rapids: Zondervan, 1992. 『No!라고 말할 줄 아는 그리스도인』, 좋은씨앗.
Hansel, Tim. *When I Relax I Feel Guilty*. Elgin, IL: Chariot Family Publishing, 1979.
Hart, Archibald D. *Adrenaline and Stress*. Nashville: Thomas Nelson, 1995.
Heschel, Abraham Joshua. *The Sabbath*. New York: Farrar, Straus and Giroux, 2005. 『안식』, 복있는사람.
Sine, Christine. *Sacred Rhythms*. Grand Rapids: Baker, 2003.
Sleeth, Matthew. *24/6*. Wheaton, IL: Tyndale House, 2012.
Wirzba, Norman. *Living the Sabbath*. Grand Rapids: Brazos, 2006.

미디어

Brown, Brené. "The Power of Vulnerability." TED. *YouTube*. Accessed January 1, 2013. www.youtube.com/watch?v=iCvmsMzlF7o.
———. "Listening to Shame." TED. *YouTube*. Accessed January 1, 2013. www.youtube.com/watch?v=psN1DORYYVO.
Everybody's Fine. Directed by Kirk Jones. Miramax Films, 2009.
The Man Who Planted Trees. Directed by Frédéric Black. 1987. YouTube. Accessed January 1, 2013. www.youtube.com/watch?v=v_7yEPNUXsU.
Meet the Robinsons. Directed by Stephen J. Anderson. Walt Disney Pictures, 2007.
Vander Laan, Ray. *Walking with God in the Desert*. DVD. Grand Raipids: Zondervan, 2010.

부록 2
목회자와 지도자들을 돕는 질문

다음은 목회의 실패와 성공에 대한 논의에 도움을 주는 안내 질문들이다.

1. 교회의 가장 기본적인 기능과 본질은 무엇인가?

2. 성경에 제시된 건강한 지역 교회의 판단 기준은 무엇인가? 그 기준이 당신의 "성공" 기준과 일치하는가?

3. 우리의 성공 개념이 성경의 개념과 전혀 다르다면 어떻게 해야 할까?

4. 당신이 생각하기에 누가(개인이든 교회든) 성경에 굳건한 뿌리를 둔 실패 신학을 지니고 있는가? 그들에게 무엇을 배울 수 있을까?

5. 우리의 예산은 실패를 허용하는가?

6. "교회"의 목적과 의도는 무엇인가? 하나님은 어떤 교회를 원하실까?

7. 우리 교회에 두 사람이 와서 각기 다른 평가를 내린다고 상상해 보라. 한 사람은 우리 교회가 건강하며 사명에 충실하다고 말한다. 또 다른

사람은 전혀 그렇지 않다고 말한다. 누구의 말이 옳은가? 그 옳고 그름을 우리가 어떻게 알 수 있을까?

8. 사도 바울은 1세기의 지역 교회에 편지를 썼다. 바울이 우리 교회에 편지를 쓴다면 무슨 말을 할까?

9. 돈 문제에 연연하지 않는다면, 우리의 목회가 어떻게 달라질 수 있을까?

10. 우리 교회 교인들은 더욱 그리스도를 닮아가고 있는가?

11. 솔직히 우리 교회가 더 초점을 맞추는 것은 내면의 성장인가, 교인 수 증가인가? 그 사실을 어떻게 알 수 있는가? 이 물음에 대한 대답에 근거하여 우리가 바꿔야 할 접근법이 있는가?

12. 우리 교회 지도자들의 결정을 두려워하는가? 우리가 가장 두려워하는 지도자들(결정)은 누구(무엇)인가?

13. 우리가 신경 쓰는 수치는 무엇인가? 우리가 신경 써야 하는 수치는 무엇인가? 그렇게 신경 쓰지 않아도 되는 수치는 무엇인가? 전혀 신경 쓰지 말아야 하는 수치는 무엇인가?

14. 우리가 함께 나눠야 하는 이야기는 어떤 것인가? 그 이야기를 누구에게, 언제, 어떻게, 어떤 상황에서 전할 것인가?

15. 예수님이 우리 교회에 육체로 오셔서 "너희를 위해 내가 무엇을 해주길 원하는가?"라고 물으신다면, 우리는 어떻게 대답할까?

주

머리말

1. Paul David Tripp, *Dangerous Calling*(Wheaton, IL: Crossway, 2012), p.86. 『목회, 위험한 소명』, 생명의말씀사.

01 실패

1. 수치심의 정신 역학을 더 철저히 이해하고 싶다면, Lewis Smedes, *Shame and Grace*(New York: HarperOne, 2009), Sandra Wilson, *Released from Shame*(Downers Grove, IL: InterVarsity Press, 2002, 『상한 마음으로부터의 자유』, 두란노)를 보라.
2. Ken Davis, *Fire Up Your Life: Living with Nothing to Prove, Nothing to Hide, and Nothing to Lose*(Grand Rapids: Zondervan, 1995).

02 성공

1. Ed Stetzer, *Planting New Churches in a Postmodern Age*(Nashville: Broadman & Holman, 2003), p.10.
2. H. B. London과 Neil B. Wiseman, *Pastors at Greater Risk*(Ventura, CA: Regal Books, 2003), p.86.
3. Richard A. Blackmon, "Survey of Pastors in 'The Hazards of Ministry'"(PsyD. diss., Graduate School of Psychology, Fuller Theological Seminary, 1984).
4. London과 Wiseman, *Pastors at Greater Risk*, p.113.

5. 앞의 책, p.62.
6. 앞의 책, p.21.
7. 앞의 책, p.22
8. David Noble과 Diane Noble, *Winning the Real Battle at Church*(Dubuque, IA: BHC Publishing, 2009), p.17.
9. Richard J. Krejcir, "What Is Going on with the Pastors in America?" Francis A. Schaffer Institute of Church Leadership Development, n.d., www. intothyword.org/apps/articles/default.asp?articleid=36562.
10. 앞의 글.
11. Michael T. Wilson과 Brad Hoffman, *Preventing Ministry Failure*(Downers Grove, IL: IVP Books, 2007), p.31.
12. London과 Wiseman, *Pastors at Greater Risk*, p.238.
13. Krejcir, "What Is Going On with Pastors in America?"
14. "Pastors and Internet Pornography Survey", *Leadership Journal* 22, vol.1(2001).
15. Wilson과 Hoffman, *Preventing Ministry Failure*, p.31.
16. London과 Wiseman, *Pastors at Greater Risk*, p.172.
17. Andrew Purves, *The Crucifixion of Ministry*(Downers Grove, IL: InterVarisity Press, 2007), pp.16-17.
18. Michael Jinkins, "Great Expectations: Sobering Realities", Alban Institute, 2002, Purves, *Crucifixion of Ministry*, p.17에 인용.
19. Tony Campolo, *The Success Fantasy*(Wheaton, IL: Victor, 1980), p.9.
20. 익명의 저자, *Embracing Obscurity*(Nashville: B & H Publishing, 2012), p.151. 그리스도인 삶의 익명성과 모호성을 더 철저히 들여다보려면 이 자료를 참조하라. "익명의 저자"라는 문구가 의미심장하다.
21. Annie Dillard, *Teaching a Stone to Talk: Expeditions and Encounters*(San Francisco: Harper Perennial, 2008), pp.36-38.
22. Eugene Peterson, *The Contemplative Pastor: Returning to the Art of Spiritual Direction*(Grand Rapids: Eerdmans, 1993), p.79. 『목회자의 영성』, 포이에마.
23. Henri J. M. Nouwen, *In the Name of Jesus: Reflection on Christian Leadership*(New York: Crossroad, 1989), p.20. 『예수님의 이름으로』, 두란노.
24. Wes Roberts와 Glenn Marshall, *Reclaiming God's Original Intent for the Church*(Colorado Springs: NavPress, 2004), p.13.
25. Russ Parker, *Failure*(Nottingham, UK: Grove Books, 1987), p.11.
26. Steven C. Roy, *What God Thinks When We Fail*(Downers Grove, IL: IVP Books, 2011), p.48.
27. 이 주제에 대해 더 상세한 설명을 원하면 Wes Roberts와 Glenn Marshall이 쓴 *Reclaiming God's Original Intent for the Church*(Colorado Springs: NavPress, 2004)에서 "It's About Trusting God-Not Technique"를 보라.
28. "National Congregations Study, Cumulative Dataset(1998, 2006-2007)", Association of Religion Data Archives, 2007, www.thearda.com/Archive/Files/Descriptions/NCSCUM.asp.
29. "Fun Facts About American Religion", Hartford Institute for Religion Research, n.d., http://hirr.hartsem.deu/research/fastfacts/fast-facts.html.
30. 조사 기관들에서는 매주 출석 인원이 2,000명 이상인 교회를 대형교회라 규정해 왔다.

03 신실함

1. Eugene H. Peterson, *Working the Angles*(Grand Rapids: Eerdmans, 1987), pp.1-2. 『균형 있는 목회자』, 좋은씨앗.
2. 이에 대한 명쾌한 설명을 보려면, Skye Jethani, *With: Reimaging the Way You Relate to God*(Nashville: Thomas Nelson, 2011, 『With: 하나님과 바르게 관계 맺는 법』, 죠이선교회출판부)을 참조하라.
3. Barbara Brown Taylor, *The Preaching Life*(Cambridge, MA: Cowley, 1993), p.16.
4. Reggie McNeal, *Missional Renaissance*(San Francisco: Jossey-Bass, 2009), p.xvii.
5. 세 가지 B에 근거한 목회 평가를 재미있고 인상적으로 설명한 글을 원한다면, *Under the Unpredictable Plant*(Grand Rapids: Eerdmans, 1992, 『목회자의 소명』, 포이에마), pp.77-80에서 유진 피터슨이 쓴 교단의 감독에 대한 이야기를 읽어보라.
6. Timothy Keller, *Center Church: Doing Balanced, Gospel-centered Ministry in Your City*(Grand Rapids: Zondervan, 2012), p.97.
7. *In the Name of Jesus*는 매우 의미 있는 책으로, 우리는 "실패한 목회자 대회" 참석자들에게 대회 참석 전에 이 책을 읽을 것을 강력히 추천한다.
8. Henri J. M. Nouwen, *In the Name of Jesus*(New York: Crossroad, 1989), p.53. 『예수님의 이름으로』, 두란노.
9. 앞의 책, p.76.
10. 앞의 책, p.77
11. 목회 기준을 재규정하는 책으로는 맥닐의 *Missional Renaissance*를 추천한다.
12. Keller, *Center Church*, p.112.
13. Dietrich Bonhoeffer, *The Cost of Discipleship*(New York: Macmillan, 1977), p.99.
14. Nouwen, *In the Name of Jesus*, p.37. 『예수님의 이름으로』, 두란노.

04 수치심

1. 브레네 브라운은 연구 결과의 많은 부분을 TED와 TEDx 강연에서 설명했다. TED와 TEDx는 과학기술, 오락, 디자인 영역에서 아이디어를 나누며 사람들을 고무시키기 위해 전 세계에서 개최되고 있다. 브레네 브라운, "The Power of Vulnerability", TED, *YouTube*, 2013, 1월 1일, www.youtube.com/watch?v=iCvmsMzIF7o; "Listening to Shame", TED, *YouTube*, 2013년 1월 1일, www.youtube.com/watch?v=psNIDORYYVO을 보라.
2. 이 장 내용 대부분은 브레네 브라운의 연구 내용을 근거로 한 것이다. 이토록 중요한 주제를 열정적으로 연구한 그의 노고에 진심으로 감사드린다.
3. E. Randolph Richards와 Brandon J. O'Brien, *Misreading Scripture with Western Eyes: Removing Cultural Blinders to Better Understand the Bible*(Downers Grove, IL: InterVarsity Press, 2012), p.113.
4. 앞의 책, p.119.
5. Duane Elmer, *Cross-Cultural Connections*(Downers Grove, IL: InterVarsity Press, 2002), p.175. 『문화의 벽을 넘어라』, 행복우물.
6. Brené Brown, *Daring Greatly*(New York: Gotham, 2012), p.44. 『대담하게 맞서기』, 명진

출판.
7. 앞의 글, p.2.
8. Brené Brown, TEDx Houston, *YouTube*, www.youtube.com/watch?v=X4Qm9cGRubO.
9. 앞의 영상.
10. 앞의 영상.

05 외로움

1. Dan Allender, *Leading with a Limp*(Colorado Springs: WaterBrook, 2006), p.31. 『약함의 리더십』, 복있는사람.
2. Ruth Graham, 저자와의 전화 대담, 2012년 12월 4일.
3. Steven C. Roy, *What God Thinks When We Fail*(Downers Grove, IL: IVP Books, 2011), p.81.
4. Brené Brown, *Daring Greatly*(New York: Gotham, 2012), p.137. 『대담하게 맞서기』, 명진출판.
5. Jerry Bridges, *Respectable Sins: Confronting the Sins We Tolerate*(Colorado Springs: NavPress, 2007, 『크리스천이 꼭 이겨야 할 마음의 죄』, 두란노)를 보라.
6. 가면들에 대해 더 상세히 알아보려면, Russell Willingham, *Relational Masks*(Downers Grove, IL: IVP Books, 2004, 『관계의 가면』, IVP)를 참조하라.
7. Tim Keller, "The Disobedience of Saul", 2004년 1월 4일, 뉴욕, 리디머 장로교회에서 전한 설교.
8. Gordon, MacDonald, "The Secret-Driven Life", *Leadership Journal*, 2009년 12월 20일, www.christianitytoday.com/le/2009/december-online-only/thesecretdrivenlife.html.
9. John Julien, "Denial", 2013년 4월 10일, 펜실베이니아 주 윌로우그로브, 캘버리 장로교회, 메트로 필리 교회 개척 협회에서 발표한 내용.
10. Thom S. Rainer, "Five Secrets Pastors Refuse to Tell", *Christian Post*, 2012년 6월 4일, www.christianpost.com/news/five-secrets-pastors-refuse-to-tell-75998/#h31BCqq9HIBQXuVO.99.
11. 목회자들의 분열된 삶을 더 고찰하려면, Ruth Haley Barton, *Strengthening the Soul of Your Leadership*(Downers Grove, IL: IVP Books, 2008), 3장을 보라.
12. Henri J. M. Nouwen, *The Wounded Healer*(New York: Image, 1979), p.88. 『상처 입은 치유자』, 두란노.

06 상처

1. Gene Edwards, *A Tale of Three Kings*(Wheaton, IL: Tyndale House, 1992), p.19. 『세 왕 이야기』, 예수전도단.
2. Dan Allender, *Leading with a Limp*(Colorado Springs: WaterBrook, 2006), p.65. 『약함의

리더십』, 복있는사람.
3. 목사가 자신에 대해 죽어야 한다는 사실을 더 깊이 숙고하길 원한다면, Andrew Purves, *The Crucifixion of Ministry*(Downers Grove, IL: InterVarsity Press, 2007)을 보라.
4. Thomas Merton, *Praying the Psalms*(Collegeville, MN: Liturgical Press, 1965), p.27.
5. Brian Zahnd, "God on Trial", 2013년 9월 19일, 미주리 주 세인트조세프, 워드오브라이프 교회에서 전한 설교.
6. C. S. Lewis, *Reflections on the Psalms*(Orlando, FL: Harcourt, 1958), p.20에서. 『시편사색』, 홍성사.
7. C. S. Lewis, *Reflections on the Psalms*(New York: Harcourt Brace Jovanovich, 1958), p.58. 『시편사색』, 홍성사.

07 광야

1. Ruth Haley Barton, *Strengthening, the Soul of Your Leadership*(Downers Grove, IL: InterVarsity Press, 2008), p.94.
2. 앞의 책.
3. Ray Vander Laan, "That the World May Know", *Walking with God in the Desert*(Grand Rapids: Zondervan, 2010), DVD.
4. 앞의 자료.
5. Adam S. McHugh, "In Which This Is the Wilderness Life", *Sarah Bessey*(blog), 2013년 3월 14일, http://sarahbessey.com/in-which-this-is-the-wilderness-life-guest-post-by-adam-s-mchugh.
6. Ray Vander Laan, *Walking With God in the Desert: Seven Faith Lessons*(Grand Rapids: Zondervan 2011), DVD.
7. 나는 성경에 나오는 광야에 대한 레이 반더 라안의 연구 내용을 많이 참조했다. 이 장의 여러 통찰은 *Walking with God in the Desert*에 수록된 그의 가르침을 바탕으로 한 것이다.

08 회복

1. "도덕과 무관한 실패"란, 하나님의 부르심과 인도하심을 분명히 분별하는 경건한 종이 지혜로운 조언을 구하고 지지를 얻으며 확고한 계획을 실행하기 위해 비전을 제시하고 부지런히 일하는데도 겪게 되는 목회 실패를 가리키는 표현이다. 이 연구는 도덕적 실패와, 그것의 회복과 치유를 다루지 않았다.
2. 이 일반적인 진술에도 예외는 있다. 어떤 목사들은 중대한 실패에 직면해도 상실감을 느끼지 않고 밀고 나가는 능력을 보인다. 그러나 그 경우에 그들에게는 다른 의미 있는 일이 기다리고 있다.
3. Ruth Harley Barton, *Strengthening the Soul of Your Leadership*(Downers Grove, IL:

InterVarsity Press, 2008), p.90.
4. Elisabeth Kübler-Ross와 David Kessler, *On Grief and Grieving*(New York: Scribner, 2007), p.16. 『상실 수업』, 인빅투스.
5. 슬픔에서 회복되는 것에 대해 쓰는 자들은 병리적인 우울증과, 상실과 결부된 슬픔을 분명히 구분한다. 여기서는 중대한 상실을 슬퍼하는 것과 결부된 우울을 다룬다.
6. Kübler-Ross와 Kessler, *Grief and Grieving*, p.21. 『상실 수업』, 인빅투스.
7. 어떤 목사가 여러 주나 여러 달 동안 의기소침해 있고 정상적인 생활을 하지 못하고 있다면, 그는 우울증에 걸린 것이다. 의사에게 진료를 받아야 한다.

09 재시작

1. Peter Scazzero, *The Emotionally Healthy Church: A Strategy for Discipleship That Actually Changes Lives* 증보판(Grand Rapids: Zondervan, 2010), p.197.
2. 실패하고 상처 입은 목사를 목회 사역으로 돌아가게 하는 것만을 목표로 삼아야 한다는 것은 아니다. 하나님이 목회를 영영 떠나기를 바라는 이들도 있을 것이다. 이 경우의 목표는 직업적인 면을 떠나 목사의 영적, 육적 건강을 회복하는 것이다.
3. 당신의 배우자는 목회의 동역자이며, 당신을 위해 어떻게 기도하고 격려할지 알아야 한다. 배우자는 목회 현실에서 차단될 수 없다. 사실, 당신의 배우자는 당신만큼 깊은 상처를 입을 수 있고 당신만큼 치유가 필요할 수 있다. 힘든 상황에서 대부분 배우자는 불쑥 끼어들거나 결과에 영향을 끼칠 힘이 없다. 목사가 공개적인 공격을 받을 때 어떤 배우자는 말없이 슬퍼한다. 어떤 상황에서는 슬퍼하는 목사보다 배우자가 더 깊은 상처를 입는다. 도덕과 무관한 실패에 직면한 목사의 배우자 역시 슬픔 단계를 거칠 것이다. 상처 입은 목사가 치유와 수용 단계로 나아가도록 도와줄 멘토나 코치를 배우자가 물색하는 것도 지혜롭다. 당신을 알며 당신을 믿는 사람을 당신 편에 두는 것은 좋은 일이다.
4. 비판적인 심경을 가정으로 가져가지 말 것을 당부하는 목회자가 많았다. 비판적인 목소리를 아예 금하라는 것이 아니라, 그런 목소리를 적절한 장소에서 내야 하다는 말이었다. 이런 목소리는 코치나 멘토, 상담가 앞에서 내는 것이 적절하다(흔히 이것은 슬픔에서 회복되는 과정의 일환이다).
5. 어떤 이들은 습관적으로나 기계적으로 하나님을 찾았고, 또 어떤 이들은 절망 속에서 하나님을 추구했다. 슬픔에서 쉽게 회복되지 않는 만큼, 하나님을 가까이 하는 것이 중요하다. 어떤 이들은 이 조언이 앞서 언급한 분노 단계와 조화를 이루지 못한다고 생각할 수 있다. 그러나 회복된 목회자들은 실패할 때 느끼는 분노와 하나님을 가까이 하는 일 모두 필요하다고 역설했다.
6. 당신이 도덕과 무관한 실패를 겪고 있는 사람의 코치나 멘토라면, 목회 실패를 겪은 후 적어도 14개월 동안 그 사람과 지속적인 관계를 맺을 준비를 하라. 상처 입은 목회자에게 결코 일어나선 안 되는 일은, 슬픔의 단계 중에 그의 코치가 그를 포기하는 것이다. 극복할 능력이 부족하다고 자책하는 목사는 이 슬픔의 과정에서 더욱 인내해야 한다. 우리가 연구 조사한 바에 따르면, 많은 실패한 목회자가 다른 목회자들도 비슷한 과정을 거친다는 사실을 알고 큰 위안을 얻었다.
7. 7-14개월이라는 기간과 관련하여 두 가지 우려가 있다. 하나는 자신이 슬픔 단계를 지나는 기간이 이 기간과 달라서 자책하는 이들이 있다는 것이고, 다른 하나는 이 슬픔의 단

계를 아예 무시하려는 이들이 있다는 것이다. 그러나 슬픔에서 회복되는 것은 힘들고 고통스러우며 시간이 필요한 일이다. 부정, 분노, 우울, 협상의 단계를 인정하는 것이 중요하다.
8. 스티븐이 인터뷰한 실패한 목회자들 가운데 어느 누구도 처음 교제한 사람들과 계속 함께하지 않았다. 말하자면, 상처 입은 목사가 비그리스도인 친구들과 함께 교회를 다시 시작한 것은 아니다. 단지 하나님은 목회자들을 치유하기 위해 이 사람들을 일시적으로 활용하셨을 뿐이다. 흥미롭게도 이 교제들은 대부분 7-14개월의 기간 안에 이루어졌다. 때로 하나님은 그분의 크신 긍휼과 깊은 은혜로 하나님의 가족이 아닌 사람들을 통해서 목사들을 창의적으로 치유하신다.

10 수용

1. Richard R. Powell, *Wabi Sabi Simple: Create Beauty. Value Imperfection. Live Deeply*(Avon, MA: Adams Media, 2004).
2. Robyn Griggs Lawrence, "Wabi-Sabi: The Art of Imperfection", *Utne Reader*, 2001년 9-10월, www.utne.com/2001-09-01/wabi-sabi.aspx.
3. Leonard Sweet, *Viral*(Colorado Springs: WaterBrook, 2012), p.82.
4. Lawrence Cunningham, *An Introduction to Catholicism*(New York: Cambridge University Press, 2009), p.93.
5. E. Randolph Richards와 Brandon J. O'Brien, *Misreading Scripture with Western Eyes: Removing Cultural Blinders to Better Understand the Bible*(Downers Grove, IL: IVP Books, 2012), p.143.
6. Dan Allender, *Leading with a Limp*(Colorado Springs: WaterBrook, 2006), p.73. 『약함의 리더십』, 복있는사람.
7. C. S. Lewis, *The Voyage of the Dawn Treader*, Chronicles of Narnia 3(New York: Collier, 1970), pp.90-91.
8. Magery Williams의 고전적인 아동 도서 *The Velveteen Rabbit*은 고통과 취약성이 인간 경험에서 얼마나 본질적인 것인지를 보여준다.
9. Dallas Willard, *The Divine Conspiracy*(San Francisco: HarperOne, 1998), pp.41-42. 『하나님의 모략』, 복있는사람.
10. Miroslav Volf, *Free of Charge*(Grand Rapids: Zondervan, 2005), p.31. 『베풂과 용서』, 복있는사람.
11. 나는 2011년 10월 14일 캘리포니아 주 베벌리힐스에서 열린 미국 시네마테크 시상식에서 로버트 다우니 Jr.가 자신의 친구 멜 깁슨을 소개하면서 한 말에서 이 문구를 처음 들었다. www.youtube.com/watch'v=aajuynxnTQ.

11 리듬

1. Peter Scazzero와 Warren Bird, *The Emotionally Healthy Church*(Grand Rapids: Zondervan, 2003), p.52.
2. 영적 안내에 대한 자료로는 David Benner, *Sacred Companions*(Downers Grove, IL: IVP Books, 2004, 『거룩한 사귐에 눈뜨다』, IVP)를 참조하라.
3. 이 두 가지 중요한 질문은 Peter Scazzero와 Warren Bird가 쓴 *The Emotionally Healthy Church*에서 인용한 것이다. 몇몇 책은 정기적으로 다시 읽을 가치가 있는데, 이 책 역시 그러한 책이다.
4. 취약성에 대한 마지막 네 가지 질문은 브레네 브라운의 *Daring Greatly*(New York: Gotham, 2012, 『대담하게 맞서기』, 명진출판), p.44에서 인용한 것이다.
5. Brené Brown, "The Power of Vulnerability", TED, *YouTube*, 2013년 1월 1일, www.youtube.com/watch?v=iCvmsMzlF7o; "Listening to Shame", TED, *YouTube*, 2013년 1월 1일, www.youtube.com/watch?v=psNIDORYYVO.
6. Thomas Merton, *Praying the Psalms*(Collegeville, MN: Liturgical Press, 1965), p.22.
7. Peter Scazzero, *Emotionally Healthy Spirituality*(Nashville: Thomas Nelson, 2011), p.171. 『정서적으로 건강한 영성』, 두란노.
8. Gary Harbaugh, *Pastor as Person: Maintaining Personal Integrity in the Choices and Challenges of Ministry*(Minneapolis: Augsburg Fortress, 1984), p.47.
9. Gary Gunderson과 Larry Pray, *Leading Causes of Life: Five Fundamentals to Change the Way You Live Your Life*(Nashville: Abingdon, 2009), p.82.
10. 어떤 학자들은 "세미한 소리"(왕상 19:12)를 "희미한 침묵의 소리" 또는 "완전한 침묵의 소리"로 번역했다.

맺음말

1. Dallas Willard, *The Divine Conspiracy*(San Francisco: HarperOne, 1998), pp.123-25. 『하나님의 모략』, 복있는사람.

참고문헌

Alcorn, Randy. *Money, Possessions and Eternity*. Carol Stream, IL: Tyndale House, 2003. 『돈, 소유, 영원』, 토기장이.

Allender, Dan B. *Leading with a Limp*. Colorado Springs: WaterBrook, 2006. 『약함의 리더십』, 복있는사람.

Anonymous. *Embracing Obscurity*. Nashville: B & H Publishing, 2012.

Balda, Janis Bragan, and Wesley D. Balda. *Handbook for Battered Leaders*. Downers Grove, IL: InterVarsity Press, 2013.

Barton, Ruth Haley. *Strengthening the Soul of Your Leadership*. Downers Grove, IL: InterVarsity Press, 2008.

Bonhoeffer, Dietrich. *The Cost of Discipleship*. New York: Macmillan, 1977.

Brown, Brené. *Daring Greatly*. New York: Gotham, 2012. 『대담하게 맞서기』, 명진출판.

Brueggemann, Walter. *The Message of the Psalms: A Theological Commentary*. Minneapolis: Augsburg Fortress Press, 1984. 『브루그만의 시편사색』, 솔로몬.

Burns, Bob, Tasha D. Chapman and Donal C. Guthrie. *Resilient Ministry: What Pastors Told Us About Surviving and Thriving*. Downers Grove, IL: InterVarsity Press, 2013.

Campolo, Tony. *The Success Fantasy*. Wheaton, IL: Victor, 1980.

Edwards, Gene. *A Tale of Three Kings*. Wheaton, IL: Tyndale House, 1992. 『세 왕 이야기』, 예수전도단.

Elmer, Duane. *Cross-Cultural Connections*. Downers Grove, IL: InterVarsity Press, 2002. 『문화의 벽을 넘어라』, 행복우물.

Gibbs, Eddie. *The Journey of Ministry: Insights from a Life of Practice*. Downers Grove, IL: InterVarsity Press, 2012.

Hansen, David. *The Art of Pastoring*. Downers Grove, IL: InterVarsity Press, 2012.

Keller, Timothy. *Center Church: Doing Balanced, Gospel-Centered Ministry in Your City*. Grand Rapids: Zondervan, 2012.

Lewis, C. S. *Reflections on the Psalms*. New York: Harcourt Brace Jovanovich, 1958. 『시편사

색』, 홍성사.
Longman, Tremper, III. *How to Read the Psalms*. Downers Grove, IL: InterVarsity Press, 1988. 『어떻게 시편을 읽을 것인가?』, IVP.
McKnight, Scot. *The Jesus Creed*. Brewster, MA: Paraclete Press, 2004. 『예수신경』, 새물결플러스.
McNeal, Reggie. *Missional Renaissance*. San Francisco: Jossey-Bass, 2009.
Merton, Thomas. *Praying the Psalms*. Collegeville, MN: Liturgical Press, 1956.
Nouwen, Henri J. M. *In the Name of Jesus*. New York: Crossroad, 1989. 『예수님의 이름으로』, 두란노.
_____. *The Wounded Healer*. New York: Image Books, 1972. 『상처 입은 치유자』, 두란노.
Palmer, Parker J. *Let Your Life Speak*. San Francisco: John Wiley, 2000. 『삶이 내게 말을 걸어 올 때』, 한문화.
Parker, Russ. *Failure*. Nottingham, UK: Grove Books, 1987.
Purves, Andrew. *The Crucifixion of Ministry*. Downers Grove, IL: InterVarsity Press, 2007.
Richards, E. Randolph, Brandon J. O'Brien. *Misreading Scripture with Western Eyes: Removing Cultural Blinders to Better Understand the Bible*. Downers Grove, IL: InterVarsity Press, 2012.
Roberts, Wes, Glenn Marshall. *Reclaiming God's Original Intent for the Church*. Colorado Springs: NavPress, 2004.
Roy, Steven C. *What God Thinks When We Fail*. Downers Grove, IL: InterVarsity Press, 2011.
Scazzero, Peter, Warren Bird. *The Emotionally Healthy Church*. Grand Rapids: Zondervan, 2003.
Smith, Mandy. *Making a Mess and Meeting God*. Cincinnati: Standard, 2010.
Sweet, Leonard. *Viral*. Colorado Springs: WaterBrook, 2012.
Tripp, Paul David. *Dangerous Calling*. Wheaton, IL: Crossway, 2012. 『목회, 위험한 소명』, 생명의말씀사.
Vander Laan, Ray. *Walking with God in the Desert*. DVD. Grand Rapids: Zondervan, 2010.
Volf, Miroslav, *Exclusion and Embrace*. Nashville: Abingdon, 1996. 『배제와 포용』, IVP.
_____. *Free of Charge*. Grand Rapids: Zondervan, 2005. 『베풂과 용서』, 복있는사람.
Wangerin, Walter, Jr. *Ragman and Other Cries of Faith*. San Francisco: Harper & Row, 1984.
Willard, Dallas. *The Divine Conspiracy*. HarperOne, 1998. 『하나님의 모략』, 복있는사람.
Wilson, Michael Todd, Brad Hofmann. *Preventing Ministry Failure: A Shepherd Care Guide for Pastors, Ministers and Other Caregivers*. Downers Grove, IL: InterVarsity Press, 2007.

감사의 말

격려와 지원 없이는 어떤 책도 쓸 수 없다. 실패에 대한 책을 쓸 때에는 더욱 그렇다.

데릭 쿠퍼 박사에게 감사드린다. 내 머리와 가슴속에 있는 개념을 지면에 옮기도록 그가 지속적인 자극을 주지 않았다면, 이 작업은 결코 열매를 맺지 못했을 것이다.

"실패한 목회자 대회" 기획팀원인 제이슨 쉐필드, 마이클 스미스, 맨디 스미스, 애덤 구스타인에게 감사드린다. 그들은 실패와 복음에 대한 주제를 다룰 수 있는 안전한 공간을 목회자들에게 제공하기 위해 꾸준하고 신실하게 일해 왔다.

원고 검토 작업에 매달린 맨디 스미스에게 감사드린다. 지속적인 격려와 통찰력 있는 피드백을 제시해 주어서 정말 감사하다. 그가 도와주지 않았다면 이 책 내용이 상당히 달라졌을 것이다.

원고 앞 장들을 읽고서 철저하고 지혜로운 피드백을 제시해 준 데니스 브라이스, 앨런 브릭스, 톰 스미스, 데이브 브릭스, 스코트 크레겔, 트레이시 커먼스에게 감사드린다.

8, 9장에서 도덕과 무관한 실패에 대한 의미 있는 연구 내용을 공유해 준 스티븐 버렐 박사에게 감사드린다. 내게 여러 차례 전화하는 수고를 마다하지 않은 그에게 심심한 감사를 표하는 바다.

스캇 맥나이트, 스카이 제서니, 유진 피터슨, 루스 그레이엄, 존 줄리엔, 재렛 맥키에게 감사드린다. 이들은 줄곧 내게 고무적인 대화 상대가 되어주었으며, 예수님의 복된 소식에 기초한, 더욱 굳건하고 명료하며 소망으로 가득한 실패 신학을 개발하도록 도와주었다.

에이전트 역할을 해준 앤드류 월게머스에게 감사드린다. 그는 실패에 대한 프로젝트를 진행하는 위험을 무릅쓸 정도로 이 개념과 나를 믿어주었다.

이 책의 메시지를 되도록 더 짜임새 있고 명료하며 설득력 있게 만들기 위해 세심하고 지혜로운 피드백을 거듭한 편집자 앨 슈에게 감사드린다. 이 책이 출간되는 과정에서 그의 도움이 컸다.

매력적이며 전문적인 InterVarsity 출판사 사람들에게 감사드린다. 그처럼 친절하고 사려 깊은 팀과 함께 일하게 된 것에 긍지를 느낀다.

나의 조력자 코트니 애덤스에게 감사드린다. 그는 이 책 전체의 교정과 편집, 그리고 나의 집필 과정에 관여했다. 독자의 눈에는 보이지 않겠지만, 이 책의 페이지마다 그의 지문이 묻어 있다.

지난 여러 해 동안 경험한 고통과 상처, 상심과 구속의 이야기를 기꺼이 공유해 준 용기 있는 많은 목회자들께 감사드린다. 그들의 용기가 내 무릎을 꿇게 한다.

더그 모이스터, 장로들, 우리의 영적 가족인 "더리뉴커뮤니티"(The Renew Community) 사람들과 리더들에게 감사드린다. 이들이 내 가족과 나에게 베풀어준 사랑에도 감사드린다. 나는 이 공동체의 목사들 중 하나로 섬길 수 있는 것을 영광으로 생각한다.

아내 메건과 두 아들 카터와 베네트에게도 감사를 표한다. 상처 입고 실패한 목회자들의 이야기 때문에 내가 힘들어할 때에도 우리 가족은 인내와 사랑을 잃지 않았다. 남편과 아빠로서 내가 실패했을 때에도 줄곧 나를 이해하고 감싸줘서 정말 감사하다. 우리가 가족인 것이 참으로 기쁘다.

끝으로 예수님께 감사드린다. 그분은 내 여러 가지 실패에도 그 기이한 긍휼로 계속 나를 사랑해 주신다.

사명선언문

너희가 흠이 없고 순전하여……세상에서 그들 가운데 빛들로
나타내며 생명의 말씀을 밝혀 _ 빌 2:15-16

1. 생명을 담겠습니다
만드는 책에 주님 주신 생명을 담겠습니다.
그 책으로 복음을 선포하겠습니다.

2. 말씀을 밝히겠습니다
생명의 근본은 말씀입니다.
말씀을 밝혀 성도와 교회의 성장을 돕겠습니다.

3. 빛이 되겠습니다
시대와 영혼의 어두움을 밝혀 주님 앞으로 이끄는
빛이 되는 책을 만들겠습니다.

4. 순전히 행하겠습니다
책을 만들고 전하는 일과 경영하는 일에 부끄러움이 없는
정직함으로 행하겠습니다.

5. 끝까지 전파하겠습니다
모든 사람에게, 땅 끝까지, 주님 오시는 그날까지
복음을 전하는 사명을 다하겠습니다.

서점 안내

광화문점 서울시 종로구 새문안로 69 구세군회관 1층
02)737-2288(T) 02)737-4623(F)

강남점 서울시 서초구 신반포로 177 반포쇼핑타운 3동 2층
02)595-1211(T) 02)595-3549(F)

구로점 서울시 구로구 시흥대로 577 3층
02)858-8744(T) 02)838-0653(F)

노원점 서울시 노원구 동일로 1366 삼봉빌딩 지하 1층
02)938-7979(T) 02)3391-6169(F)

분당점 경기도 성남시 분당구 황새울로 315 대현빌딩 3층
031)707-5566(T) 031)707-4999(F)

신촌점 서울시 마포구 서강로 144 동인빌딩 8층
02)702-1411(T) 02)702-1131(F)

일산점 경기도 고양시 일산서구 중앙로 1391 레이크타운 지하 1층
031)916-8787(T) 031)916-8788(F)

의정부점 경기도 의정부시 청사로47번길 12 성산타워 3층
031)845-0600(T) 031) 852-6930(F)

인터넷서점 www.lifebook.co.kr